サーキュラーエコノミー実践

安居昭博 著

LEARNING BY DOING

CIRCULAR ECONOMY

オランダに探るビジネスモデル

学芸出版社

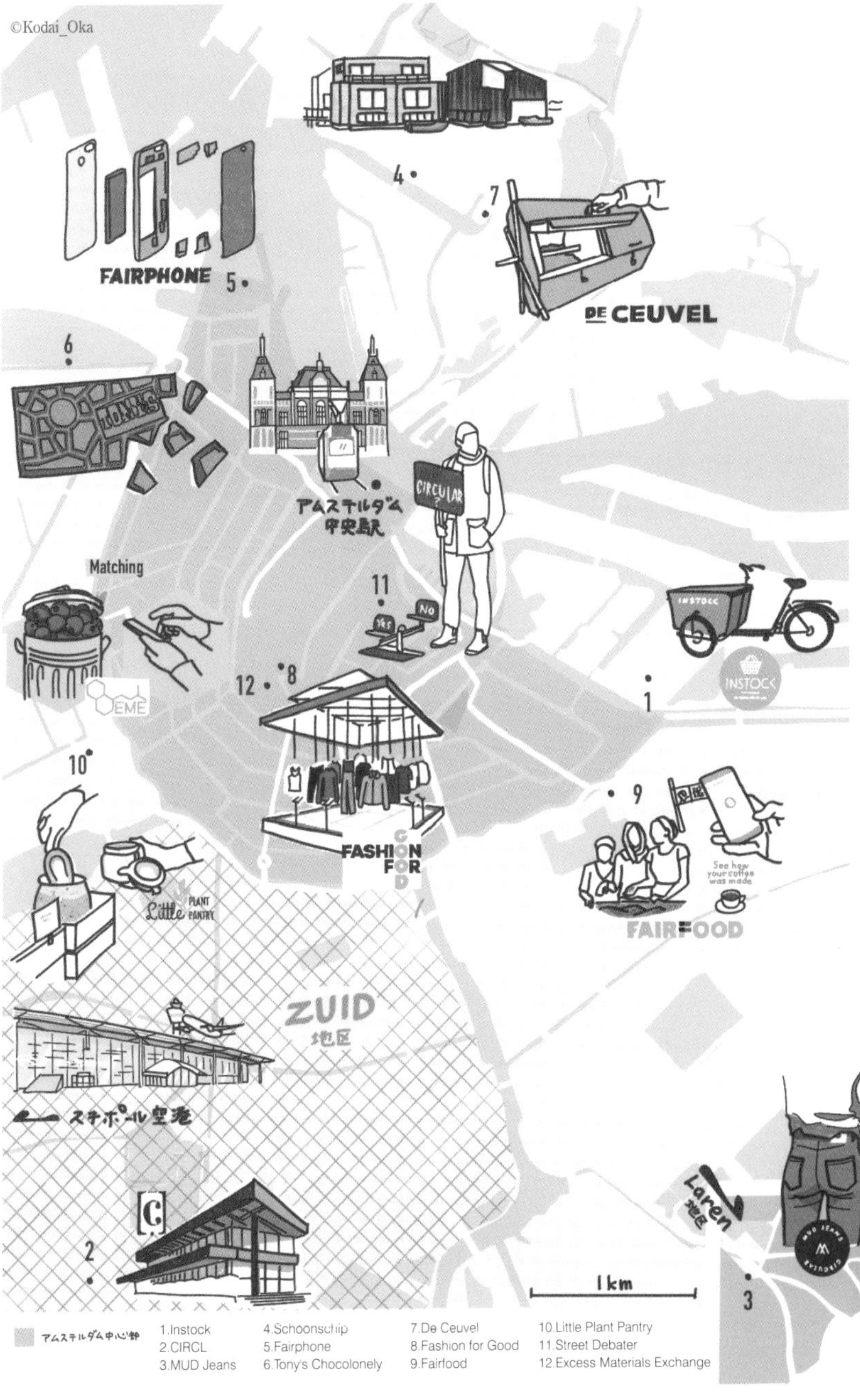

FAIRPHONE
DE CEUVEL
アムステルダム中央駅
CIRCULAR
Matching
EME
YES
NO
INSTOCK
FASHION FOR GOOD
See how your coffee was made
FAIRFOOD
Little PLANT PANTRY
ZUID
地区
スキポール空港
Laren
地区
1km
アムステルダム中心部
1.Instock
2.CIRCL
3.MUD Jeans
4.Schoonschip
5.Fairphone
6.Tony's Chocolonely
7.De Ceuvel
8.Fashion for Good
9.Fairfood
10.Little Plant Pantry
11.Street Debater
12.Excess Materials Exchange

RESCUED FOOD NEVER TASTED SO GOOD!
BREAKFAST - COFFEE - LUNCH - DINNER - DRINKS
INSTOCK TURNS FOOD SURPLUS INTO DELICIOUS MEALS

［右］一流シェフが腕をふるう、廃棄食品レストラン「Instock」
［左上］メガバンクによる分解できる建築「CIRCL」
［左下］サーキュラー型プロダクトデザイン「MUD Jeans」

全て ©Hideki_Shizu

［上］フローティング・コミュニティという海面上昇対策「Schoonschip」©Yasushi_Miyamoto
［下］ユーザーが修理できるエシカルスマートフォン「Fairphone」©Akihiro_Yasui

［上］グローバル企業を凌駕する、社会課題改善型スタートアップ「Tony' s Chocolonely」©Hideki_Shizu
［下］造船所跡地で繰り広げられるリジェネラティヴ・ビジネス「De Ceuvel」©Yasushi_Miyamoto

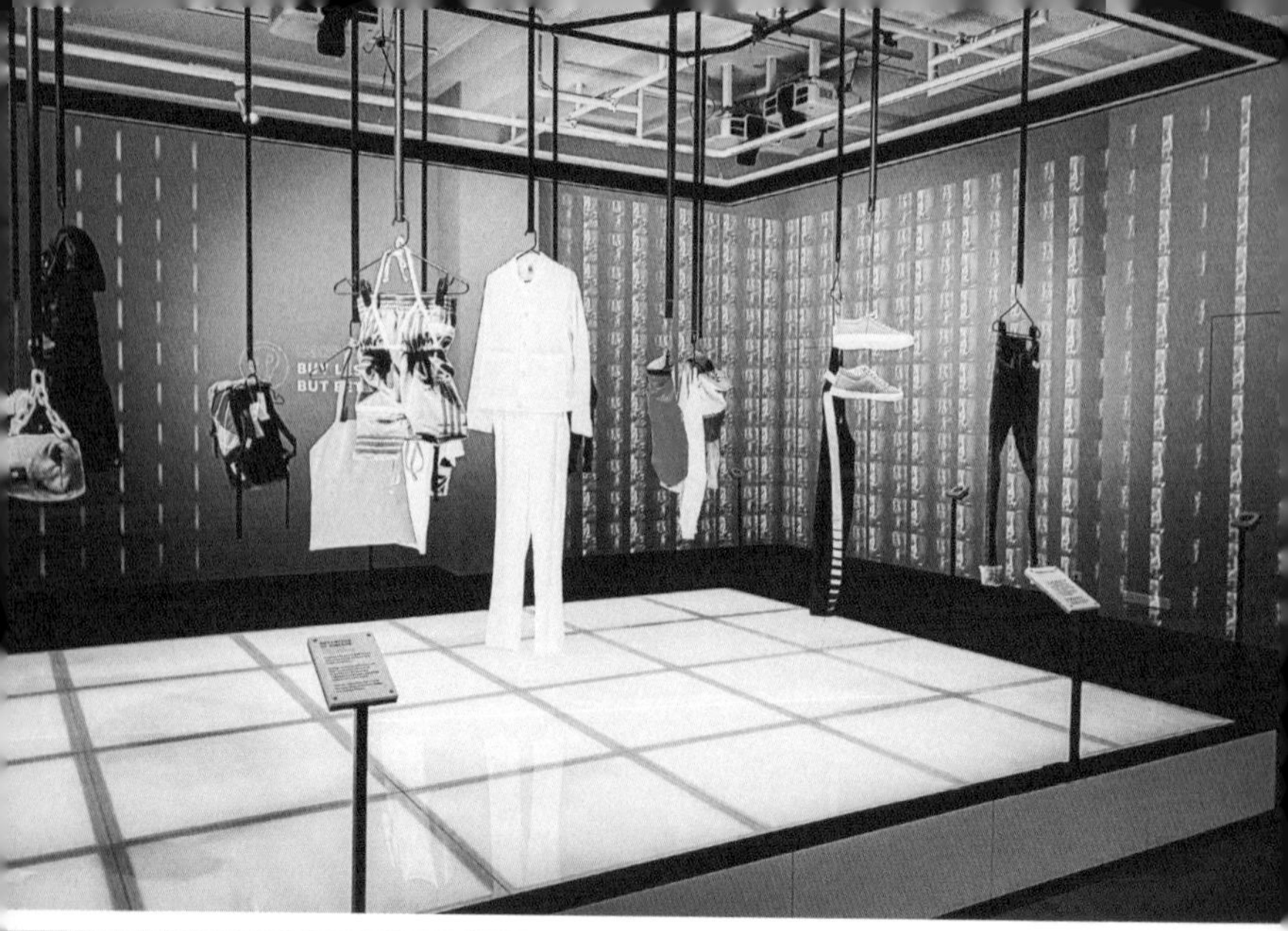

［右上］未来のサステナブルファッションを学ぶミュージアム「Fashion for Good」©Minako_Okabe
［右下］暮らしとサプライチェーンを変える量り売り専門店「Little Plant Pantry」©Shuma_Sakata
［左］廃棄食品レストラン「インストック（Instock）」のあるアムステルダム東地区。昼夜を問わず自転車が行き交う
©Hideki_Shizu

ALE OPERA &

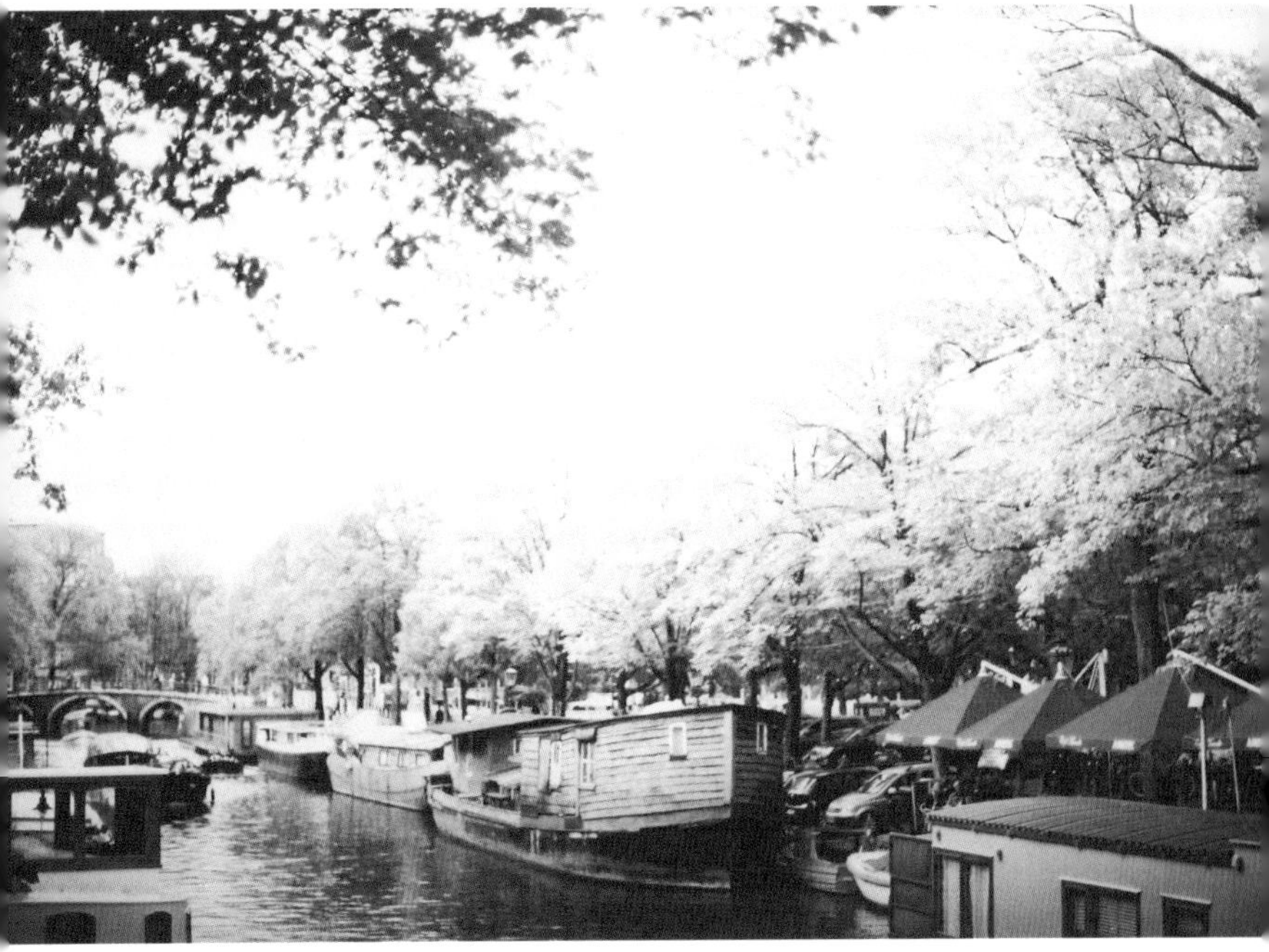

[右] オランダ国立オペラ＆バレエ劇場。アムステルダム中心部のシンボル的存在
[左上] アムステルダム中央駅と対岸の北地区を結ぶ無料船
[左下] 街中を巡る運河には、「ボートハウス」と呼ばれる船の家が並ぶ　全て ©Hideki_Shizu

[右] アムステルダム中央駅から南西に伸びるメインストリート
[左上] 歴史的建造物による調和の取れた街並
[左下] 人口増加を背景に、南地区では建築ラッシュが起こっている

全て ©Hideki_Shizu

［右］「廃棄物」を「資源」と捉えるアムステルダムで人気の「ごみ拾い運河ツアー」©Andrea_Orsag
［左］廃棄コンテナでつくられたスタイリッシュな大人気レストラン「プレック（Pllek）」©Yu_Zeniya

［上］「競争」よりも「共創」が支える観光業「黒川温泉一帯地域サーキュラー・コンポストプロジェクト」©Kenichi Aikawa
［下］高品質ビジネス展開のヒント「ONIBUS COFFEE」©Akihiro_Yasui

自然界から学ぶ新しい経済・社会モデル

元来、自然界には「廃棄物」という概念が存在しなかったと言われています。それは、あるものが排出した「廃材」も、別のものにとって有益な「資源」として活用され役割を持ち続けられる、完璧とも言える仕組みができあがっていたからです。このように資源が半永久的に循環する自然界の様子は、ミクロの視点では生命体同士が「競争」関係にあるように見えたとしても、マクロの視点では、調和の取れた自然界をまるで全体で「共創」しているかのようにも見えてきます。これを可能にしていたのは、生命の圧倒的な多様性です。

私たち人間は産業革命以降特に、自然界の循環に本来存在しなかった数々の人工物を生み出してきました。それらは一つの役割をまっとうした後、私たち人間が手を掛けなければ次の役割を担うことができず、自然界では発生し得なかった「廃棄物」にいとも簡単になってしまいます。そして現代では、そうした役割を失った「廃棄物」が人間社会にも自然界にも、もはや無視できない程度にまで影響を及ぼすようになりました。今後世界人口の増加や資源の枯渇が見込まれる中、自然界から深く学びながら、何かが何かの「資源」として役割を持ち続けられる仕組みづくりを実践することで、実質的に「廃棄物」を生まない社会構造の根本的な改革が、今私たちに求められています。

加速・深化するサーキュラーエコノミーへの移行

本書のテーマである「サーキュラーエコノミー（循環型経済）」は、このような自然界の学びをビジネスモデルや公共政策に応用し、資源を半永久的に活用し続け廃棄を出さないという考え方で、鍵はその「仕組みづくり」にあります。また自然界の循環が生命の多様性をもとに成り立っていることを鑑みると、人間社会における新しい仕組みづくりでも重要になるのは、ビジネスモデルや個人の生き方の多様性、そして社会全体の「共創」関係であると言えるでしょう。

現在サーキュラーエコノミーに大きな注目が集まるのは、アクセンチュアやマッキンゼー等の調査によって、サーキュラーエコノミーが環境負荷の軽減だけでなく新たな経済効果や雇用創出をもたらし、これまでにないビジネスモデルをつくりあげるための大きな機会だと判明しているからです。経済・地球環境・人々の幸福度のどの観点からも合理的・理想的な手法として、欧州各国やアメリカ、中国、インド等の国々では、ビジネスモデルや公共政策での導入

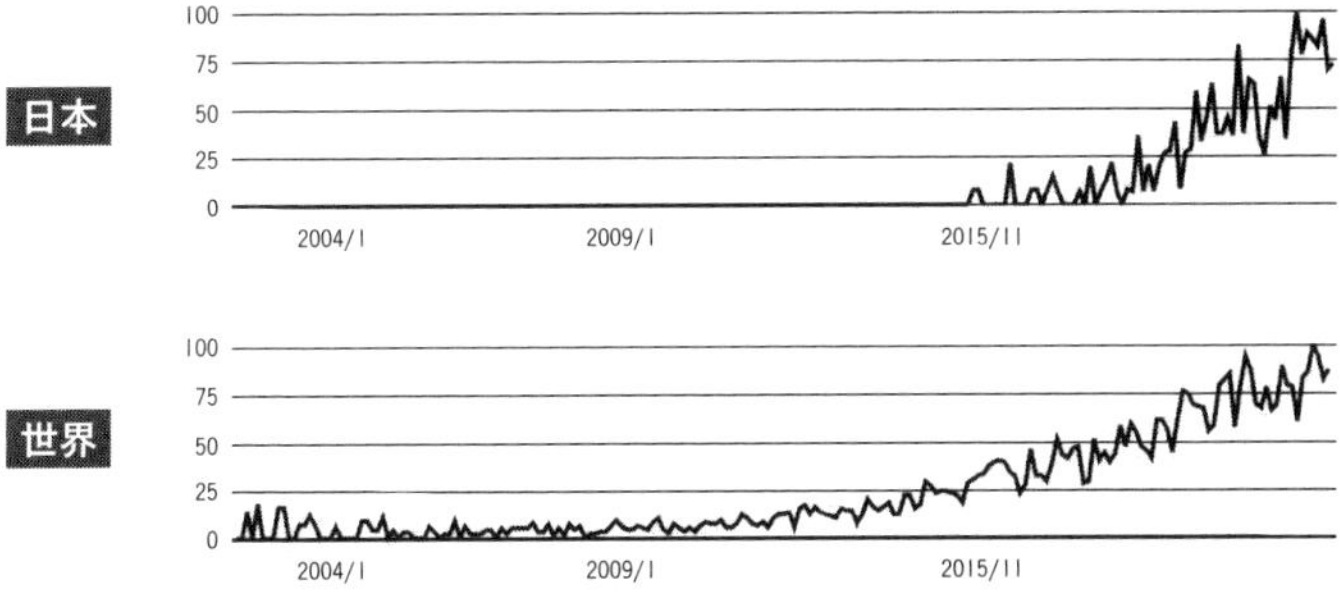

※縦軸の数値は、100 が人気度が最も高い状態、50 は人気度が半分という目安であり、0 はキーワード（「サーキュラーエコノミー」「circular economy」）のデータ不足を示す。

図 0-1　日本／全ての国を対象にした「サーキュラーエコノミー／ circular economy」の注目度の変遷（Google Trends の 2004/1 ～ 2021/5 のグラフ結果を元に筆者作成）

が進められています。図0—1で示すように、世界での「Circular Economy」も、日本での「サーキュラーエコノミー」も年々注目度が高まっているキーワードです。ゴール目標である「SDGs」同様に、目標達成に向けた具体的なビジネスモデルやアプローチの手段である「サーキュラーエコノミー」へ関心が集まるのも理に適った傾向でしょう。

　欧米ではいち早くサーキュラーエコノミーへ移行した企業やビジネスモデルが、環境への負荷を大幅に下げつつも、新たな経済利益の創出やコストカット、リスク回避に繋げる実績が出ています。こうした潮流を受けて、アップルやユニリーバ、アディダスといったグローバル企業もサーキュラーエコノミーへの移行を本格的に進めており、オランダを代表する企業であるフィリップスに関しては、サーキュラーエコノミー事業だけで既に全体収益の15％を占めるほどの成長を見せています。またオランダではメガバンクの中からも、軍事産業からの脱投資（ダイベストメント）を実施しその分をサーキュラーエコノミーやサステナブルビジネスの推進に当てる銀行が登場してきています。

　また世界がパンデミックを経験し、グローバルサプライチェーンが不安定化したことによって、むしろ各国・各企業ではサーキュラーエコノミーへの移行が以前よりも加速度的に進められています。「日本貿易振興機構（JETRO）」が、「サーキュラーエコノミーは、日本企業がいち早く本質的な実践に移せれば大きなビジネスチャンスになり得る一方、遅れを取った場合にはグローバル規模で構築されつつある新たな規制に後手で適合せざるを得なくなる」という旨の調査報告書をまとめているように[*1]、日本企業のこれからの戦略にサーキュラーエコノミーが鍵となるのは間違いない状況にあります。

＊1　日本貿易振興機構（JETRO）「EUのサーキュラー・エコノミーに関する調査報告書」https://www.jetro.go.jp/ext_images/_Reports/02/2016/01cc0dd1eb518393/eu201612rp.pdf（最終閲覧 2021/5/28）

世界が注目するオランダのサーキュラーエコノミー政策

私は2015年から拠点にしていたドイツで、廃棄食材の販売・調達をビジネスにするベルリンのスタートアップ「サープラス（SIRPLUS）」の活動を通じてサーキュラーエコノミーを知りました。その後サーキュラーエコノミーを実践する欧州各国の様々な組織を取材していた中で、ビジネス・公共政策の両面でひときわ成熟していた国が、オランダです。2015年に欧州委員会による初のサーキュラーエコノミー政策「サーキュラーエコノミー・パッケージ」が提出されるよりも以前から、オランダでは公民連携での取り組みが進められていたのです。そうして、本書の3章「オランダの実践」で取り上げるような数々の新しいビジネスが生まれ、三大メガバンクもサーキュラーエコノミー政策を掲げるほど、他の欧州各国とは一線を画すような資源循環の仕組みが社会全体で整えられてきました。サーキュラーエコノミーへの移行により経済と環境の双方で成果を上げているオランダには、パンデミック前には各国の視察団が絶え間なく訪れるなど、世界中から注目される存在になっています。オランダ政府とアムステルダム市によるサーキュラーエコノミー政策については、2章「なぜオランダが世界から注目されるのか？」で取り上げます。

EU加盟国と日本を比べると、経済の成熟度、人口減少に転じる社会、アメリカ・中国・ロシア等との外交関係、中東やアジア・アフリカへの資源依存等、類似点が多く、双方が有意義に学び合える関係にあります。なかでもオランダは、人口規模に頼らない知的財産型の経済活動を推し進めているという点で、日本にとって好対象のパートナーです。急速に人口減少が進んでいる日本は、高度経済成長期の人口規模に依存した大量生産・大量消費型の経済から、オランダのような小規模人口でも国を支えることのできる知的財産型の経済活動に移行する必要が出てきているのです。このようなオランダ型のビジネスモデルについては、2章の政策面と3章の具体的な実践で詳しく紹介していきます。

オランダに移住してからの気づき

私は2019年にドイツからオランダに移住しました。その理由は、オランダの先進的なサーキュラーエコノミーの取り組みを市民レベルでより深く経験したいという好奇心に加え、何よりもそれまでに出会ったサーキュラーエコノミーに関わる友人知人たち一人ひとりの、社会課題をより良くしながらも利益を上げ、やりがいを持ってワクワクと働いていた姿が印象的だったことにあります。

オランダで生活する中で気がついたことがあります。一つに、サーキュラーエコノミーを推進させているのがいわゆる意識の高い消費者だけではなく、むしろ普段はあまりサステナビリティに関心を払っていないような一般的な消費者であるということ。そして、ビジネスがうまくいっている企業に共通するのが、そうした一般消費者や次世代の子ども達にとっても魅力的なサービスや商品の開発を行い、一方で社会課題に対する経営理念は、(文字の代わりに)さりげないデザインで間接的に伝えるという見せ方の工夫を徹底していることです。これにより、サービス・商品そのものに魅力を感じた利用者が、副次的に社会課題について知りその企業の取り組みに共感しファンになり、生活の中で自らも実践するようになっていく、という顧客と企業の新しい関係が生まれています。本書では、現地生活で得られたこうした気づきを3章やコラムを中心に各所に取り入れています。

サーキュラーエコノミーから見えてくる日本の可能性

各国でサーキュラーエコノミーへの移行が進められオランダが先進的モデルとして注目される中、日本はむしろオランダ以上に国際的に好事例を示せる大きな可能性があると感じています。「課題先進国」と言われる日本が今後サーキュラーエコノミーを導入した優れた改善策を示していくことで、各国が社会課題に取り組む上での大きなモデルになるのです。

しかし、日本が国際的に好事例を示していくためには、まずはサーキュラーエコノミーの本質的な理解が欠かせません。日本の企業や自治体の方々とお話する中では、「サーキュラーエコノミー」と「リユース／リサイクルエコノミー」の混同等、まだまだ基本的な誤解が多いように感じます。また冒頭で述べた通り、サーキュラーエコノミーの鍵は資源として活用し続け廃棄物を出さないビジネスモデルや政策の「仕組みづくり」にあるのですが、日本ではそうしたマクロな視野よりも素材や商品などのミクロの視点に囚われる傾向があると感じます。1章「サーキュラーエコノミーが切り拓く新時代」では、「リニアエコノミー」「リユース／リサイクル／リデュース」「アップサイクル」などとサーキュラーエコノミーの違いについてもまとめています。

さらに日本では、現在サーキュラーエコノミーは製造業中心に導入されていますが、海外では従来異分野であった企業間の連携や、総合的なインフラ整備、AIやブロックチェーン等のデジタルトランスフォーメーションの推進、そして子ども達への新しい教育のあり方も含めた、社会包括的なサーキュラーエコノミーへの移行が進められています。そのため4章「日本の実践」では、日本でのサーキュラーエコノミー移行をより多様で理想的なものにするために、観光業と農業の共創を進めるコンポストプロジェクトや日本の伝統工法をアップデートした建築設計の取り組み、地方自治体の公共政策等、製造業以外の幅広い事例を紹介しています。

私たちが心地よさを感じる経済・社会へ

サーキュラーエコノミーへの変革を積極的に進めることによって、国は気候変動や廃棄物等の課題に取り組みながら国民の幸福度を上げ、企業は新しいビジネスモデルで経済効果を創出し、そして私たち一人ひとりは、「競争」よりも「共創」を軸にしたより人間らしい経済・社会の仕組みづくりができると思います。本書は、将来的に「サーキュラーエコノミー」という言葉が使われなくとも、自然とその仕組みが浸透している未来を思い描き、実現すること考えて執筆しました。少しでも日本のサーキュラーエコノミー実践に向け可能性を広げ、新しい希望を届けられたら幸いです。

２０２１年６月　安居昭博

特設サイトにて
オンライン Q&A
開催中！

目次 CONTENTS

CHAPTER 3

オランダの実践

93

COLUMN

サーキュラーエコノミーが切り拓く新時代

CHAPTER

A New Era

- From Linear

to a Circular Economy

サーキュラーエコノミーとは？

廃棄を出さないビジネスモデル

「マッド・ジーンズ（MUD Jeans）」は、世界初のサーキュラーエコノミー・ジーンズを開発したことで各国から注目を集めているオランダの企業である。私も愛用し始めてから2年以上になるが、実はジーンズを購入しておらず、月額でリースをしている。

マッド・ジーンズが掲げる経営理念は、「世の中からジーンズが捨てられる慣習をなくすこと」。リース式ジーンズにおける私のメリットは、ジーンズが破れたり体型に合わなくなったりした場合に返却や修理の依頼ができ、一方、彼らははかれなくなった使用済みジーンズを回収して繊維に戻し、繊維から新しいジーンズを製造し、また顧客に届けることができる。利用者には処分するメリットが全くないため、実質的に「捨てる（dispose）」という選択肢がなく、企業としては製品が自社に返却され次の製品づくりに活かせるという仕組みだ。マッド・ジーンズに関しては3章（116頁）で詳しく説明したい。

またオランダでは、サーキュラーエコノミー政策の一環で、生ごみを資源として活用し続けるために公共コンポストも広まっている。市民たちは生ごみを街中のコンポストへ持っていき、コンポストでできた堆肥は地域の農家に供給され、農家は肥料を購入しなくとも地域で仕込まれた堆肥で野菜をつくり地域に供給できるという、循環の輪ができあがっているのだ。この仕組みによって、生ごみの「ゼロウェイスト（ごみを排出しないこと）」が進められ、ごみ処理費用や温室効果ガスの削減、農家支援が行われている。公共コンポストについては、オランダの仕組みに学びながら日本の技術を取り入れ実施している黒川温泉（熊本県）の事例を、4章（189頁）で紹介したい。

3つのP

1994年、イギリス人起業家のジョン・エルキントン（John Elkington）氏は、持続可能な経営には「経済的側面」だけではなく「環境的側面」と「社会的側面」が欠かせないとする「トリプルボトム・ライン（Triple bottom line）」を提唱した。[*1] この考えはその後「Profit（経済的利益）」「Planet（地球環境）」「People（人々の幸福度）」という「3つのP」として（図1―1）、企業が持続可能な経営を行う上で欠かせない理念とされ採用が広まり、2015年に国連総会で採択された「持続可能な開発目標（SDGs）」を受けいっそうその重要性が強調されている。

産業革命以降、現代に至るまで進められてきた経済モデルは、地球上の資源を「取って（take）」「つくって（make）」「捨てる（dispose）」という一連の流れから、「リニアエコノミー」

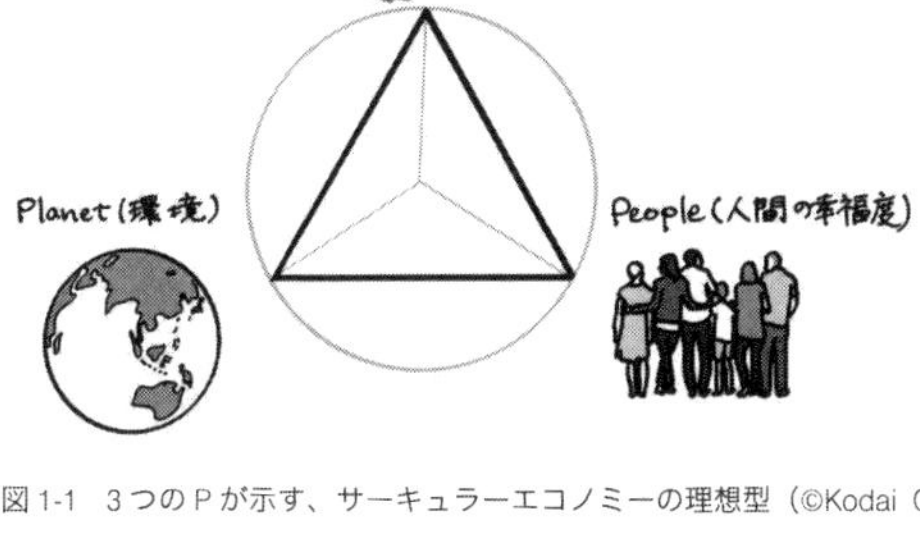

図1-1　3つのPが示す、サーキュラーエコノミーの理想型（©Kodai Oka）

＊1　Harvard Business Review Home “25 Years Ago I Coined the Phrase “Triple Bottom Line.” Here’s Why It’s Time to Rethink It.” https://hbr.org/2018/06/25-years-ago-i-coined-the-phrase-triple-bottom-line-heres-why-im-giving-up-on-it（最終閲覧 2021/5/28）

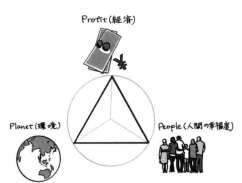

や「一方通行型（線状）モデル」と呼ばれている。リニアエコノミーは大量生産・大量消費・大量廃棄という構造を生み出してしまい、「3つのP」のうち短期的な「Profit（経済的利益）」が偏重された持続性のない仕組みとして、現在では世界各国で改定に向けた議論が行われている。

「3つのPのバランス」を言い換えると、「3つのPは相互依存の関係にある」ということだろう。例えば、「経済」の頂点だけを引き伸ばそうとすると「地球環境」と「人間の幸福度」は狭まり、「人間の幸福度」だけを闇雲に引き伸ばすと「経済」と「地球環境」がしぼみ、同様に「地球環境」だけを重視しても社会が成り立たないほどに経済が抑制され、必ずしも「人間の幸福度」が追求できるわけでもない（図1－2）。このように「3つのP」は相互依存の関係にあり、だからこそ持続可能な仕組みづくりには、これらのバランスの取れた国の政策、企業の事業モデル、そして一人ひとりの生き方が求められている。

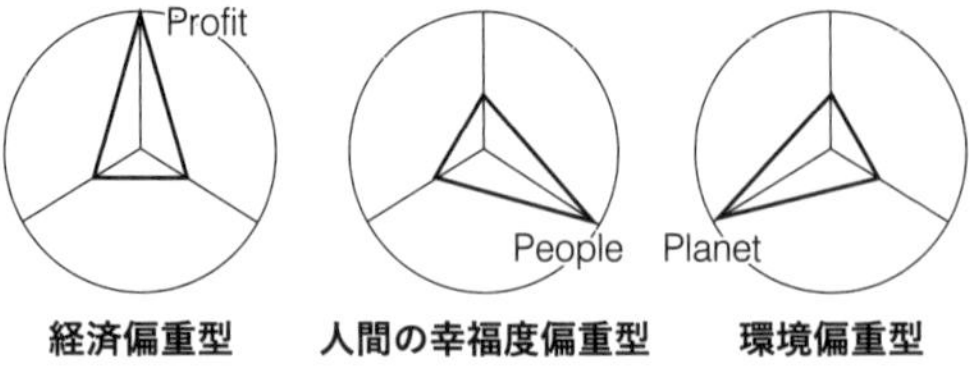

図1-2　3つのPの偏重型

リニア、リユース・リサイクル、そしてサーキュラーへ

リニアエコノミーに代わる新しい経済の仕組みとして世界各国で採用が進められているのが、「サーキュラーエコノミー」である。サーキュラーエコノミーは新規事業立案や製品設計、デザインの段階から、リニアエコノミーの「捨てる（dispose）」フェーズをなくし、代わりに全ての資源を使用し続ける仕組みを構築する、循環型の経済モデルだ（図1－3）。

現在各国では、リニアエコノミーからリユース・リサイクルエコノミーを経て、サーキュラーエコノミーへの移行が進められている。従来のリニアエコノミーでは短期的な視点での経済利益が追求され、地球環境の持続可能性や人々の幸福度の評価が蔑ろにされがちであった。その後のリユース・リサイクルエコノミーでは、資源活用（リサイクル）が導入されたものの、設計・デザインの段階ではリニアエコノミー同様最終的に「捨てる」ことが前提だ。これに対して、サーキュラーエコノミーでは、事業立案や政策方針策定、商品デザイン考案の段階から資源廃棄の可能性をなくし、自社または社会の中で資源が循環し続ける仕組みが構築される。そのため、リニア／リサイクルエコノミーからサーキュラーエコノミーへの移行においては、従来のビジネスモデルの根本的な再構築が欠かせず、化石燃料から再生可能エネルギーへの転換やサプライチェーンの透明化も同時に進めることで、環境負荷の抑制だけでなく、利益創出やコスト削減、雇用増大、ビジネスリスク軽減に繋がる総合的利点が見出されている。サーキュラーエコノミーでは短期と長期双方の視点から「3つのP」の総合的な充足度向上を目指しているのだ。

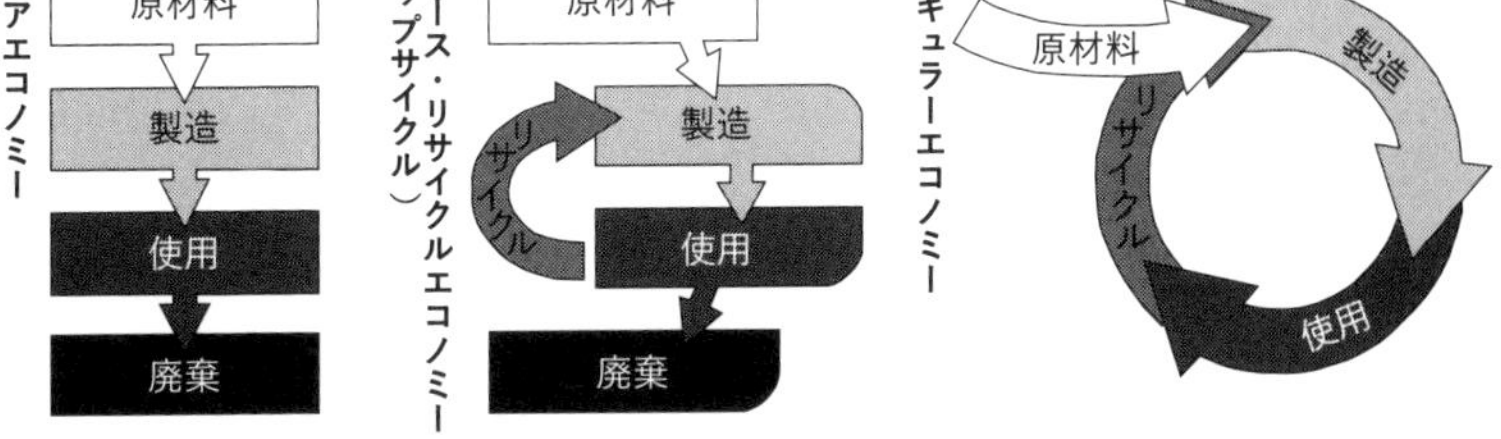

図 1-3　リニア、リユース・リサイクル、サーキュラーエコノミーの違い（Government of the Neitherlands "From a linear to a circular economy" https://www.government.nl/topics/circular-economy/from-a-linear-to-a-circular-economy をもとに筆者作成）

Column

サーキュラーエコノミーを
知ったきっかけ

「SIRPLUS《サープラス》」との出会い（前編）

“In Charlottenburg eröffnete mit SirPlus der erste Supermarkt für gerettete Lebensmittel!”

「シャルロッテンブルグにSIRPLUSがレスキュー食品の第一号店をオープンさせます！」

僕は10代の頃から、社会課題をビジネスで改善する可能性を考えていた。2015年にはドイツの大学院に留学し、ヨーロッパの企業や社会活動の調査を始めた。その一環である日現地のウェブメディアをチェックしていたところ、冒頭の一文が目に飛び込んできたのだ。

クラウドファンディングの資金調達に成功したスタートアップ「SIRPLUS」が、廃棄予定食材の販売店をベルリンにオープンさせるという。開店日まで、あと3週間だった。

紹介動画を見ると、ベルリンの食材を廃棄させないという野心、戦略的ビジネス、そして何よりもやりがいを感じ、チームのワクワクした雰囲気が伝わってきた。僕はなんとか活動に加わりたいと思った。

そこで、それまで独学で続けてきた映像制作で関わることを思いついた。ヨーロッパで自主的に作成していた好きなカフェやベーカリーのプロモーション映像が好評で、自信があった。SIRPLUSの開店日に映像を撮らせてもらうことで、活動に参加できるかもしれない。

気がつくと、辞書を引きながらまだ慣れないドイツ語でメールを書き始めていた。

「SIRPLUSの取り組みに惚れ込んだので、当日チームの一員として関わらせてほしい！」

メッセージに加えそれまで制作した映像のリンクを送り、良い返事を待った。映像制作者は決まっているかもしれないし、そもそも正体不明の日本人に返信をくれるかはわからなかった。

2日後に返信が来た。なんと創業者のラファエル・フェルマー（Raphael Fellmer）からの直々のメッセージだった。思わず目を見開き、鳥肌が立った。「ちょうど映像制作者を探していたので、ぜひチームに加わってほしい」という連絡だったのだ！早速、ベルリンに住むフォトグラファーの友人を誘い、SIRPLUSを訪ねることにした。（中編につづく）

ビジネスモデルの分類

5つのビジネスモデル

2015年、アクセンチュアはサーキュラーエコノミー型ビジネスモデルにおける特徴的な側面を抽出し、次の5分類を提唱した。[*2]

1：サーキュラー型のサプライチェーン（再生可能な原料を使用）
2：回収とリサイクル（廃棄前提だったものを再利用）
3：製品寿命の延長（修理、アップグレード、再販売）
4：シェアリングプラットフォーム（保有しているものを貸して収入を得る）
5：サービスとしての製品（顧客は所有せずに、利用に応じて支払う）

以下それぞれの事例とともに見ていきたい。

＊2　accenture「無駄を富に変える：サーキュラー・エコノミーで競争優位性を確立する」
https://www.accenture.com/jp-ja/insight-creating-advantage-circular-economy
（最終閲覧 2021/5/28）

1：サーキュラー型のサプライチェーン（再生可能な原料を使用）

「アディダス（adidas）」が2019年に発表した「FUTURECRAFT.LOOP」というシューズは、接着剤が全く使用されず、ソールや靴ひもの部分も含めて全てが熱可塑性ポリウレタンの単一素材でつくられている。またマッド・ジーンズ同様、販売ではなくリース式で利用者に廃棄させず返却を促している。これによりアディダスは、使用済みシューズを回収して丸ごとリサイクルすることで廃棄を出さず、新しい資源を調達せずとも再びシューズを生産できる体制を整えつつある。

アディダスが単一素材での製品づくりにこだわるのには理由がある。仮に別の素材や接着剤が使用されていた場合、使用後に丸ごと再資源化できず、分解・分類という新たな工程が発生してしまう。そのため素材は可能な限り混合を避け、単一素材や純度の高い素材を使用した方が、資源循環の仕組みを整えやすいことがアディダスの研究開発によって明らかになった。

ちなみに現在世界的に使用規制が進むプラスチックも、素材の複雑性が一つの論点になっている。「プラスチック」という名称で様々な混合材が一括りにされてしまっていることが回収後のリユースやリサイクルを難しくしている。例えば観光地では、使用素材や表記に関するルールの違うプラスチックが様々な国から持ち込まれるため、適切な廃棄物処理政策のハードルが高い。

2：回収とリサイクル（廃棄前提だったものを再利用）

「フライターグ（Freitag）」は1993年にスイスで生まれたアパレルブランドだ。デザイン性、耐久性、使い心地に優れたかばんづくりを模索していたデザイナーのマーカス&ダニエル・フライターグ（Markus & Daniel Freitag）兄弟は、チューリヒの幹線道路を走る色とりどりのトラックからインスピレーションを受け、使用済みのトラックの幌、廃棄された自転車のタイヤチューブ、車のシートベルトを回収してメッセンジャーバッグの製造と販売を始めた。世界に一つしかない一点ものの価値と、存在感のあるデザイン性、そして使えば使うほど革のように馴染んでくるトラックの幌の独特な素材感が人気を集め、現在世界各国に400店舗以上を構えている。また利用者に同じものをできるだけ長く使用してもらえるよう、マニフェストに「We repair（壊れたバッグは修理する）」を掲げ、「幌バッグ専門外科医」という専門スタッフを店舗に配置することで、修理にも力を入れている。

3：製品寿命の延長（修理、アップグレード、再販売）

「パタゴニア（patagonia）」はアメリカ人ロッククライマーのイヴォン・シュイナード（Yvon Chouinard）が1973年に創業した総合アウトドアメーカーであり、日本でも人気が高い。利用者が愛着を持っている製品をできるだけ長く使用してもらうために製品の修理を承っており、修理サービスの質の良さは大きな評価を得ている。また、新しい製品の製造・販売が環境に与える負荷を考慮し、2017年からは「新品よりもずっといい」をコンセプトにパタゴニアの使用済み品の購入ができる「Worn Wear」を開始。ミシンを積んだトラックで様々な都市を訪れ、各地で訪問修理も行ってきた。2019年には日本でも全国11校の大学を訪問し、ウェアの修理やセルフリペアの講義を行い、計800点ほどの使用済み製品を修理した。「ReCrafted Collection」では、廃棄予定だった衣類や素材を用いたシリーズが展開されている。

4：シェアリングプラットフォーム（保有しているものを貸して収入を得る）

「ピアバイ（Peerby）」はオランダで人気を集めている一般市民間（C to C）でのシェアリングプラットフォームだ。「滅多に使用しないのに、どうして購入・個人所有する必要があるのか？」というコンセプトのもとに、同じ地域内で貸し手と借り手を繋ぐサービスを提供している。借り手はHP上で借りたいものを提供している貸し手を探し、1日単位から借りることができる。2021年5月現在、自転車や工具、キャンプ用品、ボードゲーム、家具、調理器具等が提供されている。またオランダでは、企業から個人向け（B to C）のシェアリングサービスとして食洗機やコーヒーマシン等も借りることができ、個人所有から社会全体で共有する仕組みが整えられている。

5：サービスとしての製品（顧客は所有せずに、利用に応じて支払う）

「Product as a Service（PaaS)」とも呼ばれ、既に紹介したマッド・ジーンズの例もこれに当たる。医療機器等のメーカーである「フィリップス（Philips)」のサーキュラーエコノミー事業に、照明器具がある。従来の販売形式からリース式に移行したものだ。ただし、月額制のサブスクリプションモデルではなく、使用した光量に応じて課金される仕組みになっている。

フィリップスの利点としてはまず、長期間の使用に耐える製品設計が可能になったことがある。照明器具をはじめとした従来の電化製品の多くは、技術的には半永久的に使用できる設計が可能でも、売り上げを継続させるために比較的短期間で故障し消費者自身が修理しにくい構造になっていた。こうしたリニアエコノミー型の設計デザインは「計画的陳腐化」とも呼ばれ、サーキュラーエコノミーでは改めるべき対象とされている。

この状況に画期的な形でメスを入れたのが、販売からリースへの移行、いわゆる「PaaS」である。リースモデルの採用により、製品の所有権と廃棄物処理責任はフィリップスが持ち続ける。また、利用者に使用されている間は収益が得られるため、計画的陳腐化を組み込まずともむしろ半永久的に使用できる照明器具の設計に利点を見出すことができる。製品は必ず返却されるので、一台で複数の利用者との取引も可能になる。

なお計画的陳腐化からの脱却は、企業の技術開発の点でも着目されている。技術者にとっては、数年以内に壊れる設計よりも、自身が持ち合わせる知恵と技術力を駆使して、まだ世界中のどの企業も達成していない半永久的に使用可能な設計を頼まれた方が、モチベーションや働きがいの向上に繋がる。欧州企業の間では「サーキュラーエコノミーによって企業内で真のイノヴェーションを活性化できる」とも言われており、社員がやりがいを持って働くことのできる魅力ある企業づくりの観点でも注目されている。

一方で利用者側の利点の一つには、初期投資を大幅に削減できることが挙げられる。例えば、空港やオフィスのような大規模施設への照明器具の導入を想像してみてほしい。オランダのスキポール空港は、欧州の三大空港の一つであり世界を代表するハブ空港だ。その一部エリアに試験的に導入されているのが、フィリップスのリース型の照明器具である。通常大規模に照明器具を購入するには莫大な初期費用がかかり、修理やメンテナンスの度に空港は費用を負担しなくてはならないが、リースにより初期費用は大幅に抑えられ、メンテナンスもフィリップスに引き受けてもらえる。またPaaSの取り組みに広く見られる特徴として、製品に取り付けたセンサーから収集したデータを活用するコンサルティング事業への展開がある。例えば、フランスのタイヤメーカーである「ミシュラン(Michelin)」は走行距離に応じて課金するタイヤのPaaSとして、タイヤに取り付けられたセンサーでデータを集めより燃費効果の良い運転方法を伝える事業を進めている。

このようにPaaSを用いて計画的陳腐化から脱却することは、「Planet（地球環境）」「Profit（経済的利益）」「People（人々の幸福度）」の「3つのP」の追求にも繋がる。従来、計画的陳腐化を用いて「定期的な買替え需要の喚起」を進めてきた企業の戦略は、「継続的なサービスの利用」へと根本的に変わり、サーキュラーエコノミーの文脈では、「一回限りの販売から長期的なサービス契約へ（From one-time sales to long-term service agreements）」とも言い表されている。これを通して、リニアエコノミーでは製品を購入する「消費者」とされていた使い手は、PaaSモデルによって借り手としての「（サービスの）利用者」へと変化する。なお、一般社団法人サーキュラーエコノミー・ジャパン代表理事の中石和良氏はデータ収集を導入したPaaSモデルについて、「ユーザーのニーズの吸い上げが行われ、新たなビジネスが生まれ、ビジネスそのものが多角的に広がっていく機会を手にすることができる」と述べ[*3]、リニアエコノミーでは思いつかないビジネスモデルに行き着くアプローチとして、その重要性を説いている。

＊3　中石和良『サーキュラー・エコノミー　企業がやるべきSDGs実践の書』（ポプラ新書、2020、40頁）

分類に関して留意するポイント

以上、アクセンチュアの5つの分類に従い、それぞれのビジネスモデルに触れてきた。留意すべきは、最終的な着地点は廃棄を出さない仕組みづくりであり、既存の多くのビジネスモデルに根本的な変革が求められていることだ。

ちなみに、「アップサイクル」はサーキュラーエコノミーの話題として取りあげられることが多いが、実際は「サーキュラーエコノミー」の移行段階にある「リサイクルエコノミー」に近い。マッド・ジーンズやフィリップスのように廃棄を出さないリースの仕組みや設計・デザインが導入されているわけではなく、対症療法的なアプローチと言えよう。そのため、リサイクル／アップサイクルは、ほとんど全ての廃棄物が焼却・埋め立て処分されている現在では評価されているものの、サーキュラーエコノミー型の未来の世界では、さらに上位のアプローチであるリペアやメンテナンス、リユースが当たり前になり、「リサイクルはもはやエコなアプローチではない」と見なされていることも考えられる。

また、あくまでも前述の5分類は2015年時点での分類方法であり、現在ではこれらに当てはまらないビジネスモデルも多く誕生している。つまりサーキュラーエコノミーへの移行は、この分類のどれか一つに当てはまれば良いというわけではなく、全ての要素を網羅して廃棄を出さない仕組みを整えていくことが大切である。そして後述するように、もはや無数にあるとも言えるサーキュラーエコノミー型ビジネスモデルの中から、なんでも闇雲に取り組めば良いわけではなく、現状分析と効果予測を行った上で最も費用対効果の高いアプローチを導き出し、効果的に取り組んでいくことが肝心である。

Column

サーキュラーエコノミーを知ったきっかけ

「SIRPLUS《サープラス》」との出会い（中編）

僕たちがSIRPLUSのメンバーと初めて会ったのは、開店日前日のことだった。関係者と報道陣に向けた前夜祭で、実際にスーパーマーケットから「レスキュー」された食材によるディナーがふるまわれた。皆ドレスアップし、楽しそうに談笑している。僕が日本で参加したフードロスに関わる活動とは、何かが違っていた。

会が始まるとテーブルに次々とコース料理が運ばれてきた。ワインやビール等も全て廃棄予定のものだった。前菜もスープも食欲をそそられる美味しさで、その後メインの肉料理の前に、シェフがこう話した。

「廃棄予定の食材を調理したのは今回が初めてでした。これから食べていただく牛肉のステーキは、特に難しかったです。古いお肉は臭みが出て、食中毒のリスクもあります。挑戦的ではありましたが、同時に大きなやりがいを感じました。創造力と想像力が最大限に発揮されたと思います。もちろん健康上も全く問題がありませんし、美味しく食べていただける自信があります」。

一口噛んだ瞬間、お肉とソースの旨味が口いっぱいに広がった。臭みも全くなく、これほどジューシーなお肉を食べたことがないくらい、絶品だった。友人と顔を合わせて「めちゃくちゃうまいね…。廃棄食材って言われないと絶対わからないね」と話していた。周りの皆も驚き、会場の熱気は最高潮に達していた。

「何かが違う」という感覚は確信に変わった。SIRPLUSのスタッフ、来場者、シェフ、報道陣。誰もが心からの幸せに満ちていた。料理でこれほど人を幸せにしながら、社会課題の解決にもチャレンジしている彼らは、僕の目にはヒーローのように映った。

最後に代表のフェルマーが締めの言葉を述べた。

「今日皆さんに食べていただいたような美味しい食材が、ベルリンではたくさん捨てられています。世界中の廃棄食材を活用できたら、貧困層の人々を養うことが充分にできます。私たちが立ち向かうのはこの社会課題です」。

こうして前夜祭は拍手喝采で幕を閉じた。（後編につづく）

実践のための考え方

バタフライ・ダイアグラム

図1—4は「バタフライ・ダイアグラム」と呼ばれ、サーキュラーエコノミーへの移行を進める際、優先度の高いアプローチを決定するのに役立つ図解として、サーキュラーエコノミーの分野で権威あるイギリスの機関「エレン・マッカーサー財団（Ellen MacArthur Foundation）」にも用いられている。バタフライ・ダイアグラムでは、従来のリニアエコノミーの「取って（take）」「つくって（make）」「捨てる（dispose）」について、図の中央上部（☆）から資源を投入し、加工・製造・サービス業者を通して消費者の手に渡り、使用後には焼却または埋

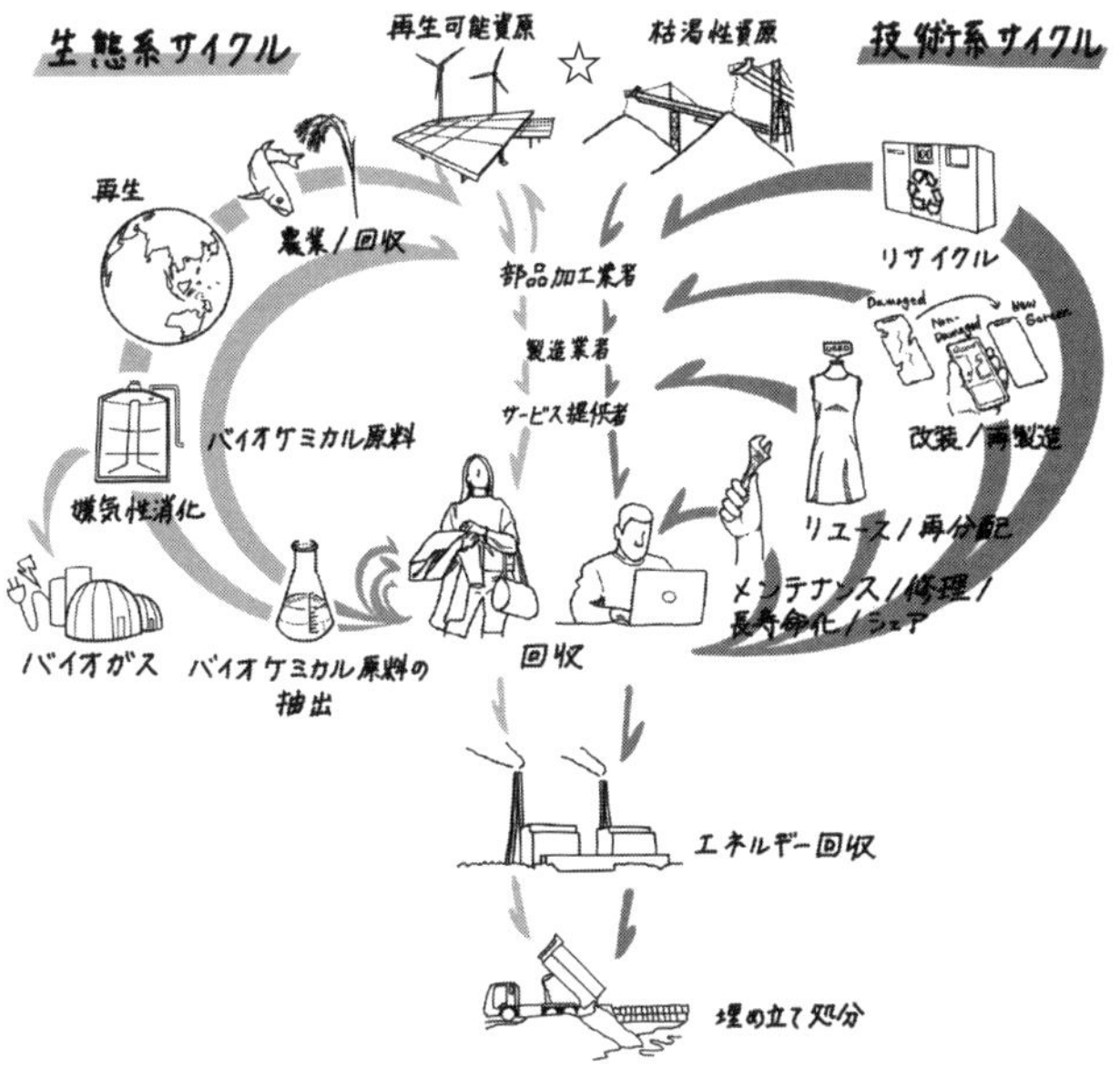

図1-4　バタフライ・ダイアグラム（©Kodai Oka　The Ellen MacArthur Foundation “Infographic” https://www.ellenmacarthurfoundation.org/circular-economy/concept/infographic　をもとに筆者元図作成）

め立て処分される、という一連の流れが表されている（図中上から下への矢印）。一方サーキュラーエコノミーでは、資源が投入される前にそもそも新しく調達される量を必要最低限に抑える試み（リデュース）がなされる。そして、一度製造・加工され利用者の手に渡った製品は、サイクルを通じて上部いずれかの工程（加工・製造・サービス）に資源が戻される。

バタフライ・ダイアグラムの特徴の一つは、右手側の「技術系サイクル（Technical Materials）」と左手側の「生態系サイクル（Biological Materials）」に分けられることだ。技術系サイクルではそれぞれの工程に資源を戻すための技術的なアプローチが示されている一方で、生態系サイクルでは再生可能資材を循環させる方法が表記されている。２０２０年12月9日イギリスの科学誌「Nature」は、「歴史上初めて地球上の生物量を人工物量が上回った」とする「クロスオーバーポイント」を発表した。主に自然由来資源で構成されていた江戸時代は「完全な循環型社会だった」とも評されるが、現代でのサーキュラーエコノミー実践には人工物との向き合い方が鍵になるのだ。

また二つ目の特徴としては、使用済み製品を上部の工程に戻す際に、輪はできる限り小さい方が経済と環境の両面で利点がある点だ。例えば、技術系サイクルの一番外枠である「リサイクル」を行うには、加工する施設や輸送、エネルギーが必要になる。しかし、リサイクルよりも内側に示されている「リユース」では加工施設やエネルギーは必要なく、さらに内側に表記された「修理」では、輸送も加工施設もエネルギーも必要なく環境負荷軽減とコストカット両面の利点がある。このように、サーキュラーエコノミーへの移行に際しては、どのアプローチでも闇雲に取り組めば良いというわけでなく、リデュース＞リペア・メンテナンス＞リユース＞リサイクル、と効果の高い順に検討することが重要であり、バタフライ・ダイアグラムはそれが示されている非常に優れた図である。

サーキュラーエコノミーモデルの優先順位

現在、サーキュラーエコノミーの先進的取り組みを見せるオランダでも、バタフライ・ダイアグラムを通して現状分析と効果予測に基づく最も費用対効果のあるアプローチを導き出し、ビジネスモデルへ採用する手法が取られている。

その一例として、マッド・ジーンズを見てみたい。マッド・ジーンズは「リニアエコノミー」の段階にある一般的なジーンズを「サーキュラーエコノミー」へ移行するため、現状分析と研究を重ねていた。社内では数々の手法が提案されたが、最も効果的なアプローチを優先的に採用するために、リデュース＞リペア・メンテナンス＞リユース＞リサイクル、の順番で検討を行っていった。その検討内容は、次の通りである。

1：その素材は本当に必要か。使用量を減らすことができないか（リデュース）
2：利用者に修理して使い続けてもらうことができないか（リペア）
3：リユース可能な素材が活用できないか（リユース）
4：リサイクル可能な素材が活用できないか（リサイクル）

先ほどのバタフライ・ダイアグラムに即して、まず上から投入する資源量を減らし（リデュース）、利用者に渡った製品を上の工程に戻す際には、内側の優先度の高い工程から順に検討されていることが分かる。

まずマッド・ジーンズは、従来背部に取りつけられていた革のラベルを分析した。その結果、まずリデュースの段階で、革ラベルが不要と判断され、代わりに環境に負荷のかからないペイントでのマーキングが採用された。革ラベルの廃止によって革を調達する必要がなくなりコスト削減を達成し、返却されたジーンズを繊維化する際に革ラベルを外す工程を省くことにも繋がった。同様に、一部の限定モデルでは背部のポケットさえも不要と判断され、省略された。もしも優先順位を意識していなければ、「リデュース」よりも効果の小さい革ラベルの「リサイクル」や「リユース」に考えを巡らすことに時間を取られてしまったことだろう。

次に分析されたのがファスナーだ。ファスナーは革ラベルとは異なり「リデュース」を行うことはできなかった。しかし、「リユース」の段階では、利用者にできるだけ長く使用してもらい再利用することを考慮した上で、ファスナーよりも耐久性のあるボタンを採用する案が生まれた。また、ジーンズの主素材であるコットン繊維に関しては「リユース」が難しいことから、その下位である「リサイクル」が採用された。

このように、バタフライ・ダイアグラムをもとに、無数にあるサーキュラーエコノミーへの移行方法の中から最も費用対効果の高いアプローチを抽出していくことは、余計な選択肢への議論や非効率な取り組みを省けるという利点もある。またこの視点は他の分野にも応用できる。例えば「電力」に当てはめてみると、繰り返し使用し続けられるという意味で「リユース」的である再生可能エネルギーか否かという議論よりも、まず最優先で取り組まれるべきは、社会から不必要な電力の使用を「リデュース」していくことが重要だと分かる。

「リジェネラティヴ（再生する／Regenerative）」とは？

各国の自治体や企業がサーキュラーエコノミーへの移行を進める中で、近年特に注目が集まっているのが「リジェネラティヴ（再生する／Regenerative）」なビジネスモデルである。エレン・マッカーサー財団は、「サーキュラーエコノミー3原則」の中で次の通り「リジェネラティヴ」を挙げている。

エレンマッカーサー財団による「サーキュラーエコノミーの3原則」＊4

- **自然サイクルの再生（Regenerate Natural Systems）**
- **廃棄物と汚染を出さない設計・デザイン（Design out Waste and Pollution）**
- **製品と資源を使い続けること（Keep Products and Materials in Use）**

実は欧州でも数年前までは、「リジェネラティヴ」という言葉は多くの人々にとって聞き馴染みがないものだった。この言葉を人々の間に広め、リジェネラティヴなビジネスモデルを構築する際のヒントにされている映画が、2018年に公開されたアメリカのドキュメンタリー「ビッグ・リトル・ファーム（原題：Biggest Little Farm）」だ。

この映画では、2人の野心的な若者が都会で生活を送る中で地方で農業を営む暮らしに憧れ、あるとき地方の広大な土地で畑づくりを始める。しかしその土地は水を撒いてもすぐに干上がってしまう不毛な状態にあったため、土地と気候に合った植物や野菜を計画的に植えて育てていくことによってその土壌を再生し、無数の昆虫や微生物や鳥や野生動物が再び棲み付き、大地が本来持っていた力を

＊4　Ellen MacArthur Foundation "Concept" https://www.ellenmacarthurfoundation.org/circular-economy/concept（最終閲覧 2021/5/28）

取り戻し始めるという、自然と人間が共生していく姿が描かれている。この映画の主題は、動植物や微生物がつくりあげる自然循環のサイクルを人間が尊重し、活動を行えば行うほど環境が再生されていく様子であり、これが「リジェネラティヴ」という言葉を表す取り組みである。

サーキュラーエコノミーへの移行に際してこの言葉が重視されているのは、地球環境は既にかなりの程度で汚染が進んでおりマイナスの状態にあるからである。そのため、現代の私たちに求められているのは、現状維持の意味合いが強い「サステナブル」や「持続可能性」よりも、むしろ積極的にプラスの影響を与えていく「リジェネラティヴ」だという認識が広まっているのだ。それは国家や企業をはじめ私たち一人ひとりが、微生物を含めた他の生命と自然のサイクルに改めて目を向けて尊重し、人間が活動を行えば行うほど自然が本来持っていた力を蘇らせるという、積極的な再生活動が急務であることを表している。

具体的にリジェネラティヴなビジネスモデルとしては、大きく二つに分類できる。自分たちの活動を通じてリジェネラティヴな仕組みをつくりあげる方法と、他の組織や個人と協働することによって全体としてリジェネラティヴな仕組みをつくる方法だ。

前者については、アムステルダムでサーキュラーエコノミーの実験地区として開発が進められている「デ・クーベル（De Ceuvel）」を例に挙げたい。民間企業であるデ・クーベルは元々深刻な土壌汚染があったエリアを、大学等の研究機関と協働しながら浄化作用のある樹木や植物を計画的に植えることで改善していくプロジェクトを打ち立てた。また一帯に放置されていた船の土台の頑丈さに着目し、その上に建物を建てることでオフィスやレストランの賃貸ビジネスを展開している。結果、事業を始めてから数年のうちに土壌浄化の成果が確認され、賃貸ビジネスを長期間行えば行うほど土壌汚染が改善されていくリジェネラティヴなビジネスモデルができあがった。デ・クーベルに関しては3章（147頁）でも詳しく触れていく。

一方で後者の他の組織と協働する方法には、ベルリンの「エコシア（Ecosia）」の例を取り上げたい。エコシアはグーグルやヤフーのような検索エンジンを提供する非営利組織であり、私たちがエコシアの検索エンジンを使用すればするほど、南米のアマゾン等に木が植えられる仕組みになっている。私たちが日常的に使用している検索エンジンは、検索する度に広告収入が発生する。エコシアは発生した収益を、アマゾンの熱帯雨林で植樹活動を行っている国際機関「世界自然保護基金（World Wide Fund for Nature）」へ寄付し、活動資金として使用してもらう。これは、検索エンジンの利用者が平均で45回調べものをする度に、一本の木が植えられる仕組みだ。これまで私も実質的に２０００本以上植樹したことが分かるようになっており、欧州でサステナビリティの分野で活躍する周りの友人たちも、皆エコシアを使用している。エコシアの利用者数が増えれば、それだけ環境再生活動を活性化できるという、まさにリジェネラティヴなモデルである。

これまで人間は、地球環境から食べ物や水、美しい景観といった貴重な資源を一方的に享受する存在であった。しかしリジェネラティヴな活動では、ビジネスとして収益をあげながらも、地球環境に人間の方からポジティヴな影響を与えて自然を豊かにしていく。リジェネラティヴな取り組みなくして、本当の意味での自然との共生はあり得ないように感じる。アウトドアブランドのパタゴニアもリジェネラティヴなビジネスの充実に力を入れており[*5]、事業を通じて環境へポジティヴな影響を与えていく輪が企業間にも広がっている。ただし一方で近年は、「〇〇すればするほど、△△になる」とグリーンウォッシュのように謳い文句を掲げる活動も増えているため、本質的にリジェネラティヴな取り組

＊5　パタゴニア https://www.patagonia.jp/regenerative-organic/（最終閲覧 2021/5/28）

みかどうかは、慎重に吟味する必要があるだろう。

重要視されるもう一つの〝R〟：「発想の転換（Rethink）」

リデュースやリジェネラティヴ等、ここまで複数の〝R〟を紹介してきたが、様々な組織で重視されているもう一つの〝R〟がある。「Rethink（発想の転換）」だ。従来の前提や常識とされてきた様々な事情が変化する中で、まずは国の政策や企業の戦略、そして一人ひとりの生き方を根本的に考え直す時期にあることを意味する。

販売の代わりにリースを採用する仕組みづくりや、企業秘密とされてきたサプライチェーンや廃棄物情報を公開すること。他企業との「競争」から、「共創」する新しい関係の構築。経済や効率性、画一性が重視されがちであった教育のあり方は、経済だけでなく地球環境や個々人の幸福度といった「3つのP」のバランスが取れたモデルへ。モノは個人の所有から全体の共有へ。こういった転換には、何よりもまず「Rethink」が求められる。

イギリスの家庭用品メーカーであるユニリーバも、従来の包装を根本的に見直すためにRethinkの必要性を掲げており、[*6] またエレン・マッカーサー財団もその重要性を説いている。[*7] 日本でも、競合関係にあったライオンと花王が物流やパッケージ開発で協働するといった産業界での動きが見られているのは、これからの新しい時代に向けた、従来の発想の転換に因るものと言えるだろう。

＊6 Unilever "Reuse. Refill. Rethink. Our progress towards a packaging revolution" https://www.unilever.com/reuse-refill-rethink-plastic.html（最終閲覧 2021/5/28）
Unilever "Rethinking plastic packaging" https://www.unilever.com/planet-and-society/waste-free-world/rethinking-plastic-packaging/（最終閲覧 2021/5/28）

＊7 Ellen MacArthur Foundation "TOWARDS THE CIRCULAR ECONOMY" https://www.ellenmacarthurfoundation.org/assets/downloads/publications/Ellen-MacArthur-Foundation-Towards-the-Circular-Economy-vol.1.pdf（最終閲覧 2021/5/28）

Column

サーキュラーエコノミーを
知ったきっかけ

「SIRPLUS《サープラス》」との出会い（後編）

2017/9/8午前9時。開店まであと一時間というところで店舗を訪れると、数々のメディアにカメラを向けられたフェルマーの姿があった。僕らのことを見つけると奥から出迎えてくれた。彼はどれほど忙しくても必ず一人ひとりに笑顔でハグをする。10〜30代が多いSIRPLUSの熱く和気藹々とした雰囲気は、彼の人柄によるところが大きいだろう。

店頭には野菜や果物、ドリンク、スナック等が綺麗に陳列されていた。一見、普通のスーパーマーケットと何ら変わりはない。むしろSIRPLUSのロゴや内装デザインがポップでおしゃれで、店内で商品を見て回るだけでワクワクしてくる。

開店すると、行列がどっと押し寄せ、店内はたちまち人で埋め尽くされた。買いものを済ませた利用者に話を聞くと、多くが普段フードロスに関わりのない一般的な客層だった。「賞味期限が切れた食品は少し不安だけど、安いし、コンセプトがおもしろいので来てみたんだ！」という物珍しさ、どこか高揚感も伝わってきたのが印象深かった。そのあとも人の勢いは絶えず、午後には棚からすっかり商品がなくなった。

この日SIRPLUSがこれほどの人気を集めたのは、廃棄食材に無償ではなく価格をつけ、あえて通常のスーパーマーケットと同じ店構えで一般消費者に向けて販売するというビジネスモデルに鍵があると感じた。社会課題改善とビジネスを両立させる活動だ。彼らのようなビジネスモデルを調べていくと、廃棄物を資源と見なす新しいビジネスや、従来の大量生産・大量消費の仕組みを抜本的に改革し、設計やデザイン、政策策定の段階からそもそも廃棄を出さない新しい仕組みづくりが進められていると知り、それを「サーキュラーエコノミー」と呼ぶことを知った。また特に欧州では、SIRPLUS等のスタートアップだけでなく、フィリップス等のグローバル企業、そしてEU加盟国をはじめとした行政機関までもがサーキュラーエコノミーを積極的に進めていることがわかった。

長年模索していた「社会課題を改善しながらビジネスをする」という可能性が見つかった。

僕が、「サーキュラーエコノミー」に出会った瞬間である。

欧州の動向

ＥＵが見出すこれからの経済・経営合理性

日本ではサーキュラーエコノミーを、環境への利点はあるものの事業の成長とは結びつかない「ＣＳＲ（企業の社会的責任）」のように捉えている方が多い印象がある。しかし、欧州をはじめとして世界各国でサーキュラーエコノミーの採用が進められている背景には、環境負荷軽減だけでなく利益創出やコストカット、リスク回避を同時に達成できるという経営面での合理性がある。

経営的合理性について理解するために、２０１５年にＥＵ初となるサーキュラーエコノミー政策が発表されるまでの変遷を、少々紐解いてみたい。リーマンショック後に経済が低迷していた２０１０年当時、欧州委員会は「欧州成長戦略（Europe 2020）」を打ち出した。経済停滞と高齢化が進む欧州において、経済的国際競争力と加盟国の団結力の強化に向けた主要政策の一つとして、資源とエネルギーの効率的利用が根幹に据えられており、当時大きな話題を呼んだ。また、翌年に同委員会から公表された「資源効率ロードマップ（The Roadmap to a Resource Efficient Europe）」では、再利用資源の活用により可能な限り新しい資源に依存しない経済成長や廃棄物抑制に積極的に取り組む、「循環経済型社会」という指針が明確に示された。

そうした過程を経て２０１５年に打ち出されたのが「サーキュラーエコノミー・パッケージ（Circular

economy package)」である。これは欧州委員会による初のサーキュラーエコノミー政策だ。「サーキュラーエコノミー・パッケージ」が打ち出された背景には、資源循環促進と環境負荷軽減が、同時に経済競争力強化や雇用創出に繋がる試算があった。またこの過程で同様の理由から、化石燃料や天然ガスといった輸入依存状態にある枯渇性資源からＥＵ圏で自給自足できる再生可能エネルギーへの移行が進められていることも着目すべき点である。なお２０２０年には、「循環型経済行動計画」の一環でＥＶ車等のバッテリー新規制が、２０２１年には特定プラスチック製品の指令ガイドラインが出されており、ＥＶ車やプラスチックの最新動向を知るためにも欧州サーキュラーエコノミー政策の全体像を押さえる必要がある。

「経済成長」と「環境負荷」の分離（デカップリング）

大量生産・大量廃棄を前提としていたリニアエコノミーでは、経済成長と環境負荷は比例関係にあり、経済発展には環境負荷が伴うと捉えられていた。しかし、エレン・マッカーサー財団等の調査によると、企業がサーキュラーエコノミーへの移行を進めることによって経済は右肩上がり（成長）しつつも、環境負荷は右肩下がり（減少）が達成できることが明らかになっている（図1―5）。

例えば、前述のマッド・ジーンズは新しいジーンズの製造に必要なコットンのうち、２０２１年5月現在で40％は古いジーンズから採取された繊維が使用されているため、新しく調達するコットンの量は従来の60％で済んでいる。また彼らは、１００％リサイクル素材から製造するジーンズの研究開発を大学機関と進めており、環境への負荷を年々減らしながらも事業の成長に繋げるモデルを発展させている。このように、経済成長と環境負荷の分離が実現できることもサーキュラーエコノミーの特徴だ。

GDP偏重の見直し

世界人口の増加、枯渇性資源不足への懸念、廃棄物量の増大といったもはや無視できない要因を背景に、各国政府と企業の間では従来の前提条件や常識の見直しが進められている。その中でも大きな変化が、「国内総生産（Gross Domestic Product：GDP）」の偏重を見直す動きである。

イギリスの経済学者ケイト・ラワース（Kate Raworth）氏の著書『ドーナツ経済が世界を救う』（河出書房新社、2018）では、GDPの歴史と欠点が分かりやすくまとめられている。

GDPとは「国内で一定期間内に生産されたモノやサービスの付加価値の合計額[*8]」であり、戦後から現在に至るまで国の成長の尺度として用いられてきた。本書によれば、GDPの歴史はアメリカの経済学者サイモン・クズネッツ（Simon Smith Kuznets）氏により世界で初めて、一年間あたりの一国民の所得と、一国の年間所得／生産量が算出され

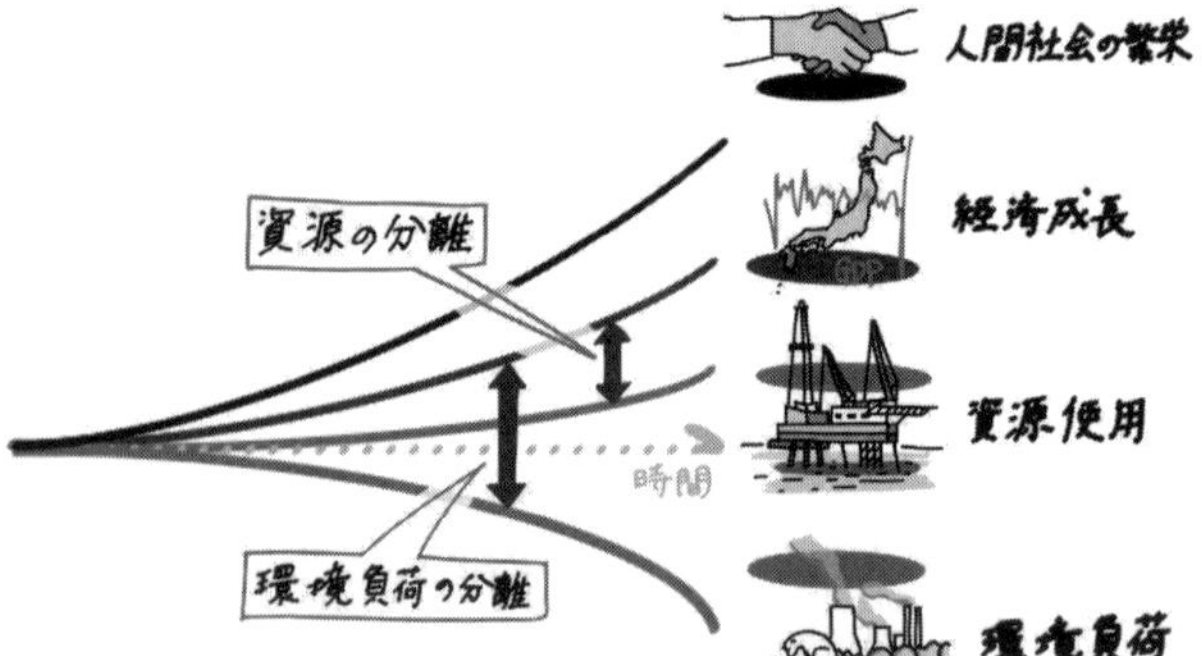

図1-5　デカップリング（©Kodai Oka　国際連合環境計画（UNEP）「デカップリング　天然資源利用・環境影響と経済成長の切り離し」をもとに筆者元図作成）

＊8　内閣府「GDPとGNI（GNP）の違いについて」https://www.esri.cao.go.jp/jp/sna/otoiawase/faq/qa14.html（最終閲覧 2021/5/28）

た1930年代にまで遡る。この数字は「国民総生産（Gross National Product：GNP）」と呼ばれ、後にGDPが生まれる基礎となった。

GNPは第二次世界大戦終結前後からアメリカ大統領選の公約にも採用されるようになり、あたかもGNPの向上が失業対策や貧困対策、治安改善、教育や社会福祉の充実、国力の増強、そして国民の幸福度向上といった全ての課題改善に繋がる「万能の指標」であるかのような誤った認識が拡大してしまった。その後他国の選挙でもGNPをもとにした短期的経済成長がますます重視されるようになり、各国は「GNPランキング」といった形で上下比較されることとなった。結果として、戦後から現在に至るまで世界中の国家や企業のあり方、個人の生き方、そして子どもたちの教育までもが、一国のGNP向上を最優先とする考え方と密接に結びつけられるような構造が生まれたのである。

一方で提唱者であるクズネッツ自身は、GNPを万能の指標のように扱うことは決してなく、「国民が幸福かどうかは、国民所得という尺度からはほとんど推測できない」[*9]としてむしろGNPの限界について警告を発していた。しかし、クズネッツの言葉には耳が貸されないまま政策決定や大統領選が行われ、GNPに代わってGDPが使用されるようになった90年代以降でもあたかも万能の指標かのような解釈が世界中へ広まってしまった。

ラワースはGDPが内包する欠点を次のように指摘する。[*10]一つが、GDPでは長期的な成長予測が論じられないことだ。例えば、2100年までの人口増加や地球温暖化、海面上昇に関する予測は公表されているが、2100年までの日本のGDP長期成長予測はできない。また、既に経済発展を遂げた日本やフランスの成長率が現在0・2％前後に留まっているように、長期的に成長が鈍る性質があることも明らかになっている。さらに、GDPでは廃棄物や公害等の外部不経済が考慮されていな

＊9　ケイト・ラワース著、黒輪篤嗣翻訳『ドーナツ経済が世界を救う』（河出書房新社、2018、50頁）
＊10　同上、281、289頁

いことも、見逃せない欠点だ。

このように国策としてＧＤＰが偏重されたことで、企業のビジネスモデルは短期的利益追求型になりがちで長期的視点が蔑ろにされてきた。「３つのＰ」を軸にサーキュラーエコノミーへの移行が進められる中、ＧＤＰに偏った社会のあり方を見直し、ＧＤＰはあくまでも「短期的経済成長」を示す指標としてのみ位置づけ、人々の幸福度や環境、教育の機会、男女格差、平和度、政治的腐敗度、報道の自由度といった社会に欠かせない要素を多角的・包括的に評価する仕組みづくりが進められている。

アムステルダム市が正式に採用する「ドーナツ経済」

「ドーナツ経済（Doughnut Economics）」は前述の経済学者ケイト・ラワース氏によって提唱された考え方であり、アムステルダム市は２０１９年に、サーキュラーエコノミー政策の中でこの考えを主軸に据えることを宣言した。ドーナツ経済の特徴は、まず経済成長に「環境的上限（ecological ceiling）」を設け、主に資源・環境面で「地球には上限がある」ことを前提としている点にある。そして、経済成長を遂げる中で衣食住や教育・収入・社会平和といった基本となる「社会的土台（social fundation）」が満たされた後には、さらなる経済成長を目指すことよりも、長期的な視野で人々の幸福度や持続可能な地球環境維持を追求する（図１—６）。これは、一定以上の経済成長を遂げた国がさらなる経済発展を遂げようとするがあま

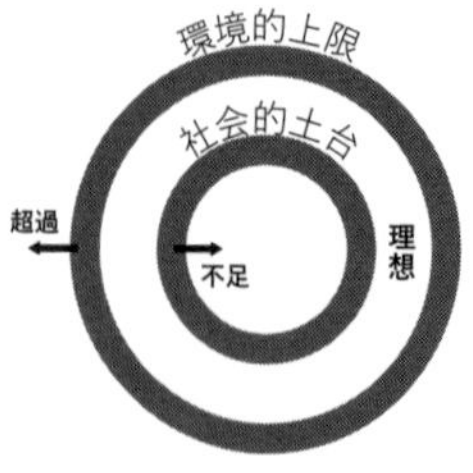

図1-6　ドーナツ経済の概念図（ケイト・ラワース著『ドーナツ経済が世界を救う』56頁をもとに筆者作成）

り、反対に人々の幸福度の低下や環境破壊を引き起こしてきたという反省がもとにある。

ドーナツ経済では、「環境的上限」をその経済成長の限界指針に据え、「社会的土台」を満たし「環境的上限」を超えない範囲内での経済規模が最も望ましいとされ、それ以降は経済成長よりも社会的内面の充実に注力することが重視されている（図1―7）。その範囲がドーナツのような枠であることからドーナツ経済と呼ばれているのだ。日本でも、内閣府経済社会総合研究所が実施する幸福度研究において「所得の上昇が人々の幸福度を改善するには限界がある」と報告されている[*11]ことは、ドーナツ経済の考えと通じるところがある。

ドーナツ経済の詳細については、ラワースの著書を参照していただきたいが、ここで重要なことはアムステルダム市という行政がこうした概念を公式に採用するほど、欧州ではGDP偏重の見直しと新たな複合的指標の構築が進められているという点だ。

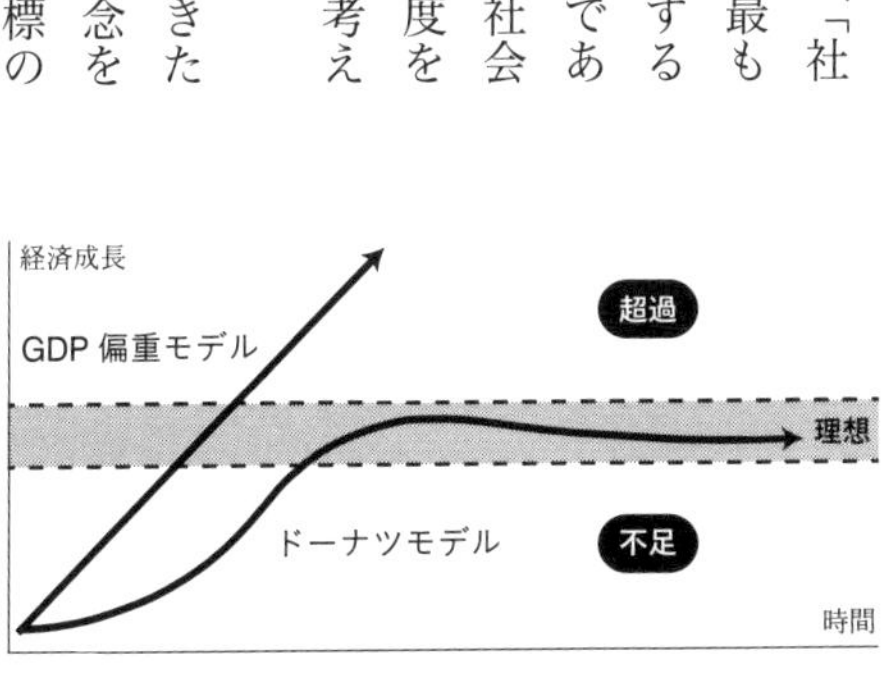

図 1-7　ドーナツ経済と GDP 偏重モデルの違い

新循環型経済行動計画

2020年3月には欧州委員会より「新循環型経済行動計画（New Circular Economy Action Plan）」が公表された。内容は多岐に渡るため、ここでは私が特に日本にも影響が大きいと感じた点に絞って

＊11　内閣府「幸福度研究について」https://www.esri.cao.go.jp/jp/esri/prj/current_research/shakai_shihyo/about/about.html（最終閲覧 2021/5/28）

紹介したい。まず特徴的なのは、「消費者の権利強化」として企業の生産者責任が拡大され、これまでのビジネスモデルに変革を求める姿勢が明確に示された点だ。具体的な項目としては「修理する権利（Right to Repair）」と「透明性ある製品情報へアクセスする権利」が挙げられている。つまり企業に、修理しやすい製品設計の導入や、消費者が従来知ることができなかった詳細な製品情報の公開を求める方針が出された。

「修理する権利」が守られている製品の具体例としては、オランダの企業が開発したスマートフォン「フェアフォン（Fairphone）」が挙げられる。フェアフォンは利用者が分解して修理できるよう設計されており、カメラ、マイク、スピーカーといった部品ごとの交換やアップグレードが可能だ。使用済みのパーツは企業に返却でき、そこから再利用可能な資源が回収され新しいスマートフォンへ活用されている。このようにフェアフォンは、修理する権利を守る設計にすることで、資源を最大限再活用し廃棄されるパーツを極限にまで抑えたスマートフォンの開発に成功している。詳しくは3章（134頁）をお読みいただきたい。

「透明性ある製品情報へアクセスする権利」の文脈で開発が進められている事例には、オランダの非政府組織「フェアフード（Fairfood）」によるブロックチェーンを応用したトレーサビリティ（追跡）の仕組みが挙げられる。例えばフェアトレードのコーヒー豆のパッケージの裏側には、QRコードが記載されている。消費者はこのQRコードをスマートフォンで読み込むことによって、コーヒー豆の焙煎業者、保管業者、輸送業者、生産農家等、従来は分からなかった詳細な生産・流通情報にアクセスできる。さらにブロックチェーンの特性上、理論的に全ての情報が正確で、改ざんが不可能であるという特徴がある。具体的には3章（161頁）を参照してほしい。

さらに「新循環型経済行動計画」では、フェアフォンやフェアフード等サーキュラーエコノミーへの移行を進める企業や製品を保護するため、今後EU市場での法的規制強化の予定が明示された。これは、EU加盟国の企業はもちろん、EU市場へ製品を供給する世界中の企業が影響を受け、サーキュラーエコノミー型製品の開発にシフトする流れは欧州外にも広がっている。実際にアメリカでは2021年7月にバイデン大統領が修理に関する指令を出し、Appleも一部修理部品の販売を開始した。日本企業にも「修理する権利」への対応が求められている。

EUのサーキュラーエコノミー政策が日本企業へ及ぼす影響

日本貿易振興機構（JETRO）が2016年にまとめた「EUのサーキュラー・エコノミーに関する調査報告書」では、次の見解が示されている。[*12]

「もはや『従来型のビジネス』は選択肢ではなく、産業界は積極的にサーキュラー・エコノミーに取り組まなければならないことは明らかである。（中略）企業がサーキュラー・エコノミーの採用に後れを取れば、最大の循環型のビジネスチャンスは他社に奪われ、徐々に姿を消すか、規制に適合せざるを得なくなるだろう」。

日本の貿易相手国・地域を輸出入総額順に並べると、上位には中国（21・6％）、ASEAN（15・0％）、アメリカ（14・9％）そして、EU（11・5％）が続いており、[*13] EUは日本にとって重要な貿易相手であることが分かる。そのため、EUで実施されるサーキュラーエコノミー関連の新しい規制に対して、日本企業は適合せざるを得ない状況にあり、これは、アメリカや中国、

＊12 日本貿易振興機構（ジェトロ）貿易制度課「EUのサーキュラー・エコノミーに関する調査報告書」（2016） https://www.jetro.go.jp/ext_images/_Reports/02/2016/01cc0dd1eb518393/eu201612rp.pdf（最終閲覧 2021/5/28）

＊13 財務省貿易統計「貿易相手国上位10カ国の推移（輸出入総額：年ベース）」https://www.customs.go.jp/toukei/suii/html/data/y3.pdf（最終閲覧 2021/5/28）

インドも同じだ。欧州委員会の決定を受けてこれらの国々では既に対応が進められ、サーキュラーエコノミー型社会への移行が行われている。*14 廃棄を出さずに資源を循環し続ける仕組みづくりは、もはや世界規模で進められているのだ。

EU加盟国と日本の類似性と、モデルメイキングのポテンシャル

ＥＵ加盟国と日本を比較してみると、国際的な外交関係や社会状況の多くの点で類似があり、お互いに学び合える好対象にあることが分かる。外交面では、GAFAMを抱えるアメリカやBATHが台頭する中国、豊富な天然資源を持つロシア、そして今後飛躍的な人口増加と経済発展が見込まれるアジアとアフリカ諸国とのやり取りが、ＥＵ加盟国にも日本にも求められている。中東やアフリカ諸国からレアメタルや石油等の枯渇性地下資源が輸入依存状態にあることも、ＥＵ加盟国と日本の双方の課題である。また国内に目を向けると、都市部への人口流入に地方の過疎化、少子高齢化の進行、そして経済的に既に成熟段階にあることも、共通して見られる現在の社会情勢だ。

２０１７年末に中国が廃プラスチックの受け入れ禁止を発表すると他のアジア諸国もこれに連動し、結果として日本とＥＵ加盟国がこれらの国々に引き取ってもらっていた廃プラスチックの行き場がなくなってしまったことは、記憶に新しいだろう。その後欧州では、プラスチックを代替素材にする動きがいっそう加速された。このようにＥＵ加盟国と日本は多くの類似した課題に取り組む必要に迫られており、日本にとって有効な取り組みを模

＊14【アメリカ】The U.S. Chamber of Commerce Foundation "Sustainability and Circular Economy" https://www.uschamberfoundation.org/sustainability-and-circular-economy
【中国】China Association of Circular Economy "14th Five-Year Plan for Development Plan on Urban and Rural Domestic Waste Classification and Treatment Facilities has been released" https://en.chinacace.org/events/view
【インド】European Commission "EU and India partner for resource efficiency and circular economy" https://ec.europa.eu/info/news/eu-and-india-partner-resource-efficiency-and-circular-economy_en
（いずれも最終閲覧 2021/5/28）

索する上で、ＥＵで行われている政策は学びの多い対象であることが分かる。

ただ、ＥＵほどの市場規模がない日本が、同様の「ルールメイキング」において世界的な影響力を持つことは難しい。一方で、他の国々も抱えている課題に対し先駆けて好事例づくりを進める「モデルメイキング」では、日本には世界的影響をもたらす大きな可能性が残されている。これは4章で紹介するように、欧州でサーキュラーエコノミーという言葉が使用される遥か以前から、日本各地には代々築かれてきた資源循環を経済効果や持続可能性に繋げる優れた仕組みが存在し、そうしたモデルには各国が抱えている課題へアプローチするヒントが豊富に含まれているからだ。また2章で述べる通り、人口規模が小さいながら、オランダは現在、サーキュラーエコノミーの先進的なモデルメイキングで世界的な影響力を持っている。モデルメイキングの過程で培われた知的財産でのビジネスは、多くの人員と資源を要し人口規模に左右される大量生産・大量消費型の経済とは異なり、人口規模に頼らない経済活動が可能である。つまり、人口減少を迎えている日本でも、オランダのような先進的なモデルづくりによって、人口規模に頼らない知的財産型の経済活動を進めていくことに、大きな可能性が秘められている。

「サーキュラーエコノミー」への抜本的改革を進める欧州、「SDGs」へ表面的に取り組む日本

「はじめに」（20頁）で触れたように、世界的にサーキュラーエコノミーの関心度が高まっている理由には、いち早くサーキュラーエコノミーへ移行した企業やビジネスモデルが、環境への負荷を大幅に下げつつも、新たな利益創出やコストカットを実現しているという実績が大きいだろう。例えば、

オランダを代表するグローバル企業のフィリップスは、サーキュラーエコノミーの事業だけで既に全体収益の15％をあげていると言われている。[*15]欧州委員会からこの分野で初めての政策となる「サーキュラーエコノミー・パッケージ」が打ち出されたのが２０１５年であり、まだわずか6年しか経っていないことを考慮すると、いかに短期間にサーキュラーエコノミー事業が躍進しているかが分かる（もちろんフィリップスでは時代を見越して２０１５年より前から研究を進めていただろう）。またエレン・マッカーサー財団が率いる「CE100 Network」というイニシアティヴには、グーグルやアップル、ユニリーバ、イケアといったサーキュラーエコノミーへの移行を進めるグローバル企業が参画し、抜本的な改革に乗り出している。

パンデミック対策として進められるサーキュラーエコノミー政策

欧州委員会は２０２０年5月に「復興計画に向けた基金案（The EU budget powering the recovery plan for Europe）」を公表した。[*16]これは、新型コロナウイルスによる経済的打撃からの回復を試みるとともに、将来的なパンデミック対策としても位置づけられている。ここで注目すべきは、将来的なパンデミックに備える指針とサーキュラーエコノミーの推進が非常に親和的である点だ。例えば、景気回復に７５００億ユーロ（約90兆円）の予算が組まれることが公表され、そこではサステナビリティとデジタルを軸とする変革や、サーキュラーエコノミーの考えに基づく雇用創出、風力・太陽光等の再生可能エネルギーへのシフトに加え水素の研究開発に力を入れることが明記された。

復興計画が公表される一ヶ月前のオランダでは、計１７０名の大学教授や専門家、有識者らがある

＊15　PHILIPS "2020 annual results" https://www.results.philips.com/publications/ar20（最終閲覧 2021/5/28）
＊16　European Commision "Europe's moment: Repair and prepare for the next generation" https://ec.europa.eu/commission/presscorner/detail/en/ip_20_940（最終閲覧 2021/5/28）

マニフェストへの共同署名を行った。それは「次のパンデミックに備える5つの変革[*17]」という内容であり、こちらでもGDP偏重型成長モデルの見直しや再生可能エネルギーの導入促進、地産地消・サステナブルな農法の拡大、フェアな労働環境の構築等、サーキュラーエコノミーやドーナツ経済を推進する上で親和性の高い要求がされている。

また今後のパンデミックに備えるために、医療機関でのサーキュラーエコノミー導入の必要性を指摘する意見もある[*18]。多くの犠牲者が発生してしまった理由の一つには人工呼吸器の不足があるが、現状、人工呼吸器の多くは故障した際に医療機関での修理やメンテナンスが難しい。そのため製造業者へ一度返品する必要があり、その間にも人工呼吸器の不足が原因で亡くなった患者が後を絶たなかった。もし、私たちの社会にサーキュラーエコノミー政策の一環である「修理する権利」が浸透していたら、医療機器が故障したとしても現場で修理・メンテナンスを行い迅速に患者の元へ届けられ多くの命を救うことができたかもしれないのだ。

さらに、コロナによって世界中のサプライチェーンが不安定化したことで、資源やエネルギーが輸入依存状態にあるリスクが露呈した。その結果企業では、日頃から地域資源を循環させる体制を整えておく重要性が改めて認識された。3章で取り上げるマッド・ジーンズやフェアフォンのように、輸入資源に頼らずとも自分たちの社会で本来廃棄されてしまう資源を活用する、強固なビジネスモデルづくりが各地で進められている。EU加盟国は、石油や石炭、天然ガスへの輸入依存状態からの脱却策として、自国内でつくり出すことができる再生可能エネルギーへの転換を進め、また国内農家を支援することで食料の地産振興にも力を入れている。

＊17　Universiteit Leiden "170 scientists sign manifesto with five policy proposals for a post-COVID-19 development model" https://www.universiteitleiden.nl/en/news/2020/04/170-scientists-sign-manifesto（最終閲覧 2021/5/28）

＊18　Green Biz "Circular economy principles could help businesses face the worst recession ever" https://www.greenbiz.com/article/circular-economy-principles-could-help-businesses-face-worst-recession-ever（最終閲覧 2021/5/28）

Column

日本のリジェネラティヴな取り組み

ニホンミツバチの保護と環境再生

日本特有の森林環境を支える広葉樹は、動物のエサとなる木の実や土壌の養分となる葉を土に落とし、その後それらの養分は川を流れ、海の生物に届けられる。こうした自然界の連鎖によって生態系は成り立っているが、広葉樹が木の実や葉を成長させるためには、実はニホンミツバチの受粉が欠かせない。つまり現在進行するニホンミツバチの減少は、日本固有の自然環境の崩壊を意味している。こうした状況の中、大和ミツバチ研究所／NPO法人ビーフォレスト・クラブの代表である吉川浩さんは、ニホンミツバチの保護・繁殖環境づくりを通じ植物の受粉活動を再活性化させることで、日本の森林や生態系の保護・再生を進めている。

ニホンミツバチの保護が進まない理由には、農薬や寄生虫、感染症等の影響のほかに、私たちの誤解が大きいと話す。日本では「ハチ＝危ない昆虫」とみなされ、すぐに駆除されてしまう。しかし、攻撃的なスズメバチやアシナガバチのような「狩りバチ」とは対象的に、ミツバチを含む「ハナバチ」は大人しくよっぽどのことがなければ刺すことはない。英語では、狩りバチ＝Wasp／ハナバチ＝Beeと区別するものの、日本語では全て「ハチ」と表現されることも、この誤解に繋がっており、その結果、本来は穏便な性格であり生態系に欠かせないニホンミツバチの保護が進まないのだ。

また日本に生息するミツバチは、古来から生息し生態系をつくりあげてきた野生のニホンミツバチと、蜂蜜のために明治時代に輸入された外来種・家畜のセイヨウミツバチに大別される。後者は採蜜のために生育されてきたため、安易に養蜂するとニホンミツバチや他の昆虫の生態系を破壊しかねない。吉川さんによると「養蜂」と「ニホンミツバチの保護」は異なる取り組みだという。

現在吉川さんは、講座やワークショップの他、ニホンミツバチの巣箱設置や生息状況を地図化する取り組みを進めている。日本の自然環境の「再生《リジェネレーション》」には、正しい理解とそれに基づいた実践が欠かせない。未来は私たちの手に掛かっていると言えるだろう。

なぜオランダが世界から注目されるのか？

CHAPTER 2

Dutch Strategy
for Circular Economy

オランダ政府とアムステルダム市の政策

オランダ政府によるサーキュラーエコノミー政策

オランダ政府は2016年に、2050年までに社会全体を完全にサーキュラーエコノミー化することを宣言した。長期的なロードマップとして「2050年までのオランダのサーキュラーエコノミー計画（A Circular Economy in the Netherlands by 2050）」が公表され、具体的な重点領域には、バイオマスと食品、プラスチック、製造、建築、消費財の5分野が挙げられている。[*1]

なかでも、補助金給付を再整備することによって、民間組織のサーキュラーエコノミー移行を活性化させるユニークな政策がある。実際に現在オランダ政府は「サステナビリティ」「農業」「イノヴェーション」「国際ビジネス」の4分野に注力した補助金の支給を決定している。これにより、例えば新しくレストランをオープンする際にも、一般的なお店より、地域農家の生産物やオーガニックの食材を積極的に使用した方が補助金が支給されやすく、民間の活動は自然とサーキュラーエコノミーやサステナブルな方向に向かう。

また、サーキュラーエコノミー政策は欧州委員会、EU加盟国、各国の地方自治体で共有されているため、その指針に合致する事業を立ち上げる際には、アムステルダム市、オランダ政府、そして欧州委員会と三層の行政機関それぞれから手厚い補助金を受給し得る体制が整っている。また、ドイツ

＊1　Government of the Netherlands "A Circular Economy in the Netherlands by 2050" https://www.government.nl/documents/policy-notes/2016/09/14/a-circular-economy-in-the-netherlands-by-2050（最終閲覧 2021/5/28）

を筆頭に数多く存在する欧州各国の民間財団からも、支援を受けやすい環境にある。

　さらには、オランダの行政機関はサーキュラーエコノミーの推進には官民の連携が欠かせないことを認識しているため、行政組織、民間企業、研究機関、そして住民間でのコミュニケーションや協働を促進するために、その間を取り持つ組織の整備も行われた。代表的な「アムステルダム経済委員会（Amsterdam Economic Board）」や「アムステルダム・スマートシティ（Amsterdam Smart City）」は官民双方の出身者からなる組織であり、前者は民間企業と行政、後者は一般市民と行政の間で、ワークショップやイベント、オンラインツールでの情報共有等の機会をつくり、コミュニケーションの円滑化を進めている。

　さらに、オランダ政府はサーキュラーエコノミー政策の一環として、再生可能エネルギーの推進も努めている。国内の消費エネルギー全体を占める割合はまだまだドイツに及ばないものの、既に鉄道と路面電車は１００％再生可能エネルギーで運行されている等、着実に成果を上げている。また２０２１年２月には、将来的に二酸化炭素を排出する自動車での運送を禁止する方針を示し、電気自動車等二酸化炭素を排出しない自動車の購入に企業への補助金が予定されている。[*2] 化石燃料ほどは国際情勢の影響を受けにくく地産地消が可能で雇用創出にも繋がる再生可能エネルギーへの移行や、電気自動車への切り替えを通じて、都市のレジリエンス向上が行われている。

＊2　Government of The Netherlands “New agreements on urban deliveries without CO2 emission” https://www.government.nl/latest/news/2021/02/11/new-agreements-on-urban-deliveries-without-co2-emission（最終閲覧 2021/5/28）

アムステルダム市2050年プラン

2015年にアムステルダム市は「2050年プラン（2050 Plan）」を公表し、サーキュラーエコノミーを本格的に推進し始めた。2018年には研究機関「サークル・エコノミー（Circle Economy）」と協働してまとめた「アムステルダムのサーキュラーな道のり（the CIRCULAR JOURNEY of AMSTERDAM）」と題した2050年までの具体的なロードマップを公表し、社会全体のサーキュラーエコノミー化に向けた指針を示した。[*3] 次に記すのは、アムステルダム市が2015年に公表した「2050年プラン」である。[*4]

＊3 Circle Economy“the CIRCULAR JOURNEY of AMSTERDAM” https://publish.circle-economy.com/amsterdam-circular-journey（最終閲覧 2021/5/28）

＊4 City of Amsterdam “Policy: Circular city” https://www.amsterdam.nl/en/policy/policy-innovation/policy-circular-city/（最終閲覧 2021/5/28）
なお、本書で筆者が翻訳（一部意訳）した「2050 年プラン」は執筆当時のものであり、2021 年 5 月現在、上記サイトには更新版が掲載されている。

アムステルダム市２０５０年プラン「サーキュラーエコノミー」
City of Amsterdam "Policy : Circular Economy"

サーキュラーエコノミー

想像してみてください。

洗濯機を購入する代わりに、借りることができる。

建物は全て解体でき、再び新しい土地にそっくりそのまま建てることができる。

捨てられるはずだったコーヒーの搾りかすを使って育てるマッシュルーム。

ほとんど使われない車を各家庭で一台ずつ購入する代わりに、近隣住民と一緒に数台の車を共有する。

これがサーキュラーエコノミーの目指す世界です。

私たちの目標は、２０５０年までにここアムステルダムでサーキュラーエコノミーを確立することです。

どうしてサーキュラーエコノミーか？

現代の私たちの生産方式は「一方通行型」です。

地球から資源を掘りおこし、製品に加工し、不要になったら捨ててしまうのです。

製造する過程でも多くのごみが出ています。

この一方通行型の生産方式では、地球の資源を極限まで使い切り、膨大なごみを排出してしまいます。

さらに、資源を掘り起こし製品に加工するために、たくさんの石油を使用し、気候変動を引き起こしているのです。

これに対して、サーキュラーエコノミーは全く異なる仕組みです。

サーキュラーエコノミーにおいて「生産」と「消費」は、貴重な地球資源が何度も何度も繰り返し再活用できる仕組みになっているのです。

事実上、捨てられるものがないのです。「ごみ」は貴重な「資源」ですから。

生産に必要なエネルギーは環境への負荷を最小限に留め、持続可能な形でつくられます。

環境にも経済にも利点があるサーキュラーエコノミー

サーキュラー（循環型）のモデルでは、二つのタイプの循環があります。

生態系サイクルと技術系サイクルです。

生態系サイクルでは、それぞれの製品に使用される素材が使用後に環境を汚染することなく、再び有機物として生態系に戻ってきます。

技術系サイクルでは、製品や各部品は、修理や再利用しやすいように設計・デザインされ、再び価値のあるものとして循環型のサイクルに戻ることができます。高度なデザインと品質によって可能となることです。

つまり、サーキュラーエコノミーは環境に良いだけでなく、経済にとっても現在のシステムよりも優れている仕組みなのです。

サーキュラーエコノミーへの移行

アムステルダム市では遅くとも2050年までに、サーキュラーエコノミーへの移行を目指しています。

アムステルダム市が掲げる具体的な到達目標です。

・2025年：65%の家庭ごみはリサイクルまたはリユースできる仕組みで分別
・2030年：使用される原材料の50%を削減
・2050年：完全なサーキュラーエコノミーの達成

「サーキュラーエコノミータウン」アムステルダム

2015年、アムステルダムは世界で初めて「都市」として大規模なサーキュラーエコノミーへの移行調査を実施しました。

調査結果は、

・汚染を減少させる
・雇用を増大させる
・経済的発展を促進させる

というものでした。

調査結果は市民と業界にも公表され、市民と民間組織からは二つのプログラムが生まれました。「Amsterdam Circular: Learning by Doing」と「Circular Innovation

Program」です。

どちらのプログラムにも共通していることは「learning by doing（やりながら、学んでいく）」ということです。

結局のところ、アムステルダムでサーキュラーエコノミーがどのようになるのかはまだ誰にも分かりません。

自分たちで新しい道をつくりあげ、その進行する過程で学んでいく必要があります。アムステルダムは「Living LAB（リビングラボ）」となるでしょう。実験的で、革新的な都市です。

サーキュラー・プロジェクト

アムステルダム市は、サーキュラーエコノミーを進める活動に優先的に土地を利用してもらう等、積極的にサーキュラーエコノミーの発展を進めていきます。

例えば、Buiksloterhamエリアでは、市がパートナー企業とともに、新しく行われるプロジェクトが全てサステナブルでカーボン・ニュートラルなものであることを検証しています。

Haven-Stadエリアで行われている居住プロジェクトでは、将来的に4万戸から7万戸の新しい住居を設ける予定で、全てがサーキュラーモデルで建設されるプランになっています。

アムステルダムがこれからの世界を導く

アムステルダムはサーキュラーエコノミー移行へのグローバルリーダーです。これまでの実績を認められ、2016年にはWorld Smart City Awardを受賞しました。受賞にあたっては、地域で発電している電力、化石燃料使用量の削減、廃棄物リサイクルの効率化等の、アムステルダムのサーキュラーエコノミーに対する革新的なアプローチが特に評価されました。

これ以降、世界の他の都市がサーキュラーエコノミーの導入に向けてアムステルダムに助言を求めてきています。

「共創」すること

アムステルダム市は、理想的な環境を整備し情報リテラシーを高めることで、サーキュラーエコノミーの活動を推進しています。

しかし、サーキュラーエコノミーへの移行は、アムステルダムの企業や機関、そして市民達とともに一緒に進める必要があります。

そのためアムステルダムは、企業や大学、その他のパートナーと共創をしています。

これまでに成功したプロジェクトには、スマートエネルギーネットワークの研究や、3Dプリンターによるプラスチックの製品化、排水からエネルギーや資源を生み出す活動等が挙げられます。

完成度の高いサーキュラーエコノミーへ移行するために、アムステルダムはオランダ国内外の都市とも連携しています。

情報や創造性、ビジネスチャンスの面から、都市部で最も大きなネットワークが広まっています。

しかし、こういったネットワークは都市部以外にも普及することが大切です。

完成度の高いサーキュラーエコノミーの実現には、社会の全ての人が参加することが欠かせないのです。

より良いサーキュラーエコノミーの実現には、新しい法整備も重要になります。

そのためアムステルダムは、ハーグやロッテルダム、ユトレヒト等の他の都市と協力し、オランダ政府に法律と規制の改革を求めています。

より高度な資源リサイクルを行い、廃棄物で新しい取り組みを行うために、環境管理法の改定に向けて働きかけているのもその活動の一例です。

アムステルダム市による現状分析

サーキュラーエコノミーへの移行を効果的に進めるために、アムステルダム市は「マテリアル・フローアナリシス（資源流動分析）」という手法を用いており、図2―1はその分析結果を示している。これは、マテリアル・フローアナリシスの専門研究機関であるメタボリック（Metabolic）が調査したものだ。まず、図の左側から見ていただきたい。分析の結果、市の廃棄物は、アパレルや食品等様々な業界でも排出されている中でも、特に建設業だけで全体の約23%を占めていることが明らかになった。次に図の中央右手では、市の廃棄物の中でも、プラスチック、建設&解体廃棄物、そして生ごみの3つが廃棄物量の上位を占めていることが表されている。最後に、図右手の廃棄方法を見ると、現状ほとんどの廃棄物は埋め立てられていることが分かる。

このようにマテリアル・フローアナリシスを用いることによって、アムステルダム市は、無数にあるサーキュラーエコノミー移行へのアプローチの中から、次の業界と種類に注力し、費用対効果の高い取り組みに優先度をつけることができた。

- **業界：建設業界**
- **種類：プラスチック・建設資材・生ごみ**

この結果は、3章で紹介するサークルやデ・クーベル等民間の建築プロジェクトにおけるサーキュラーエコノミー推進や、公共コンポストの普及、そしてプラスチックの代替の促進に繋がっている。

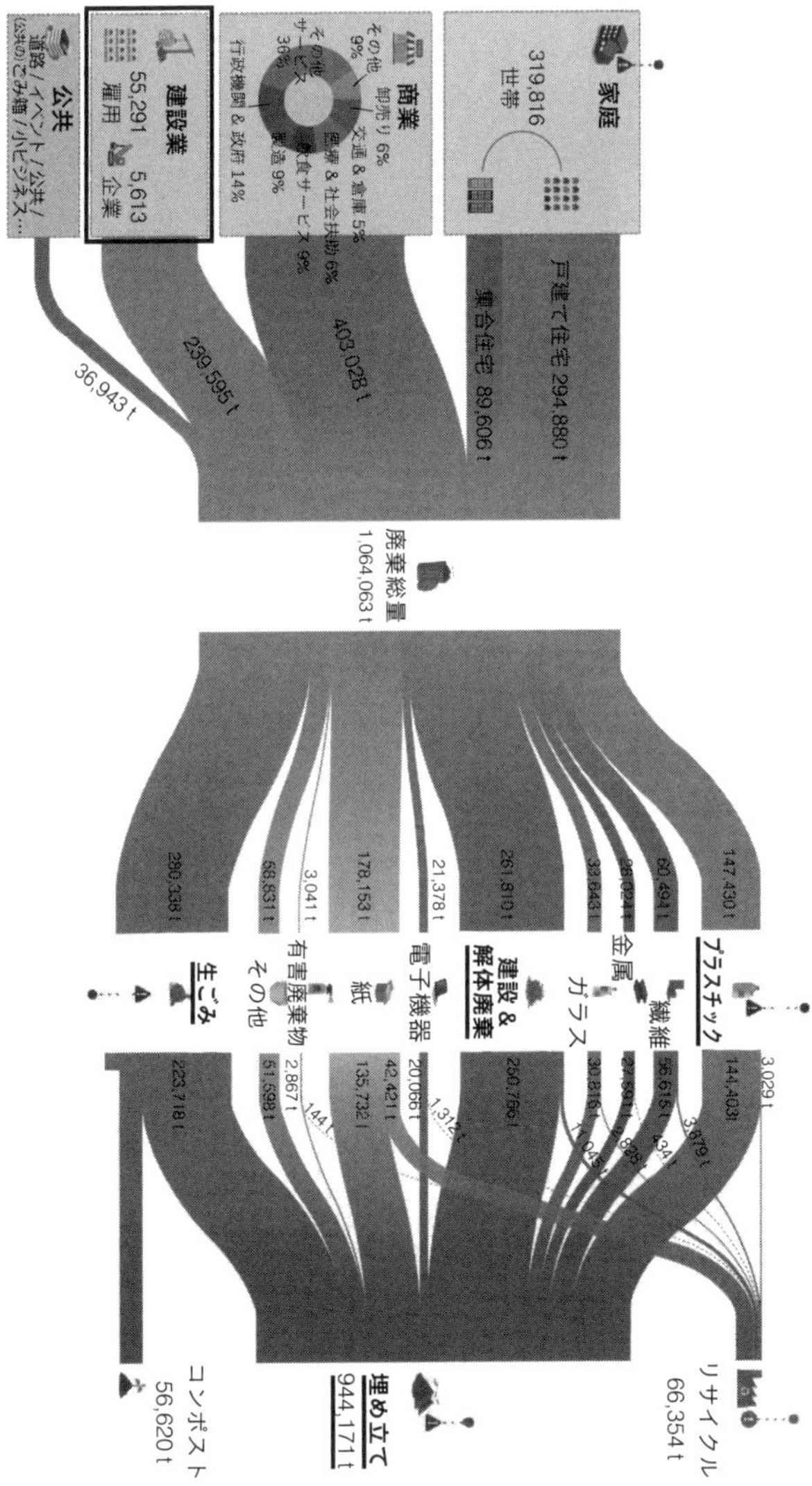

図 2-1　アムステルダム市のマテリアル・フローアナリシス（METABOLIC "To change the status quo, we must understand it first." https://www.metabolic.nl/consultancy/analysis/ をもとに筆者作成）

ちなみに1章で紹介したフェアフォンでは、企業間でトレーサビリティを向上させビジネスの透明化に繋げるため、自社のサプライチェーンの分析にマテリアル・フローアナリシスを応用している。

またアムステルダム市はその他の分析結果も受けて次の現状を明るみにし、[*5] サーキュラーエコノミーを進め始める前のスタート地点の把握に役立てている。詳細は後述するが、特にZoom out（引きの視点）とZoom in（寄りの視点）の双方を意識することで、世界の現状も分析している点に着目してほしい。市内での先進的な取り組みが、その後世界展開できるというビジョンを見据えている姿勢が読み取れる。

・アムステルダム市は過去3世紀の間に人口が6倍に増加し、２０１７年には85・5万人に達した。２０３０年代半ばまでに１００万人に到達すると見込まれている（↓今後安定した食料、移動、住宅の供給が急務になる）
・都市部への人口流入が進んでいる。現在世界人口の約50％が都市部で生活しており２０５０年までに70％に達する（↓サーキュラーエコノミー推進による影響力は地方部よりも都市部を優先した方が大きい）
・世界中の資源の45％は建設業界で消費され、建物の解体後にはほぼ全ての資源が埋め立てられている（↓アムステルダムで建築分野のサーキュラー化を積極的に進めることは、世界的な先進モデルになる可能性がある）
・今後人口増加を支えるために安定した食料供給が必要だが、現在世界で生産されている食料のおよそ30％は廃棄されている（↓アムステルダムの中でもフードロスへのアプローチが急務である。また、食料自給率の向上が欠かせない）

また、アムステルダム市のサーキュラーエコノミー推進担当者のマリケ・ヴァン・ドールニンク（Marieke van Doorninck）は、市が率先して取り組むべき役割を３つ挙げている。[*6]

＊5　Circle Economy “TOWARDS A CIRCULAR ECONOMY IN AMSTERDAM”（chapter one : The Impact of Cities）https://journey.circle-economy.com/circularamsterdam#156340（最終閲覧 2021/5/28）
＊6　Circle Economy “TOWARDS A CIRCULAR ECONOMY IN AMSTERDAM”（video : The role of businesses in the circular economy）https://journey.circle-economy.com/circularamsterdam#174401（最終閲覧 2021/5/28）

・知識を共有すること（行政が持つデータを民間に共有し、サーキュラー化に役立ててもらう）
・投資すること（サーキュラーエコノミー分野に補助金の待遇を重点的に厚くすることによって民間活動を促進する）
・規制を撤廃・改訂すること（民間活動がサーキュラーエコノミーへ移行する際に障害となっている旧態依然の規制を改訂していく）

オランダでは、行政が得意な面と不得意な面（すなわち、民間がより得意とする領域）をきちんと認識した上で、行政が積極的に働きかける分野と、補助金政策や規制改革を通じ民間に代わりに取り組んでもらう分野をうまく分けている。「知識の共有」「投資」「規制の撤廃・改訂」は行政にしかできない取り組みとして、特に重点が置かれていることが分かる。

アムステルダム市からオランダ政府への要求

サーキュラーエコノミー政策は欧州委員会によって打ち立てられているが、欧州委員会→EU加盟国→各国地方自治体というトップダウンのみではなく、各国地方自治体→EU加盟国→欧州委員会という各地域のフィードバックを組み上げたボトムアップでの視点も重視されている。2020年にアムステルダム市から公表された「アムステルダム市サーキュラー戦略2020−2025[*7]（Amsterdam Circular Strategy 2020 - 2025）」では、それまでの取り組みを振り返りながら向こう5年間の指針が定められた。その中では、次のようにアムステルダム市からオランダ政府へ要求されている。

＊7　City of Amsterdam "Amsterdam Circular Strategy 2020 - 2025" https://www.amsterdam.nl/en/policy/sustainability/circular-economy/（最終閲覧 2021/5/28）

・「労働に対する課税」から「原材料とエネルギーに対する課税」への転換
・再利用や建設、地区開発に関する定期規制強化（サーキュラー型建築等の先進事例の保護を強化し、従来型の取り組みと一線を画す狙い）
・生産者責任の拡大
・国家規制の枠組み外で自治体が実験的に取り組める余地の要求

このうち一つ目の『労働に対する課税』から『原材料とエネルギーに対する課税』への転換」が要求された背景には、現行の社会・経済のあり方では消費者が修理し一つのものを使い続けるよりも、新しいものを購入した方が安く収まるという課題がある。しかしバタフライ・ダイアグラム（43頁）で見たように、リサイクルやリユースよりも経済と環境の両面で利点の大きい修理・メンテナンスを推進する上では、これは改善すべき点だ。そこでアムステルダム市には、現在修理を担う「労働者」にかかっている税金を「新しく調達する原材料／エネルギー」へ転換することで修理費用を軽減し、修理をしやすい環境を整えたい狙いがある。なお欧州議会公表の調査結果によると、EU市民のうち77％は買い替えよりも修理を望み、79％は修理環境整備に向けた法的規制が必要だと考えている。[*8]またドイツやオーストリアの一部の州では修理に際し「リペア・ボーナス」という支援金が用意され、[*9]スウェーデンでは税制優遇措置による修理環境整備が進められている。[*10]こうした行政主導の意識調査による市場やニーズの顕在化は企業活動の活性化に繋がり、日本でも応用可能である。

＊8　European Parliament “Parliament wants to grant EU consumers a “right to repair”” https://www.europarl.europa.eu/news/en/press-room/20201120IPR92118/parliament-wants-to-grant-eu-consumers-a-right-to-repair（最終閲覧 2021/12/28）
＊9　Verbraucherzentrale Thüringen “Environment Ministry and consumer advice center start repair bonus” https://www.vzth.de/pressemeldungen/umwelt-haushalt/nachhaltigkeit/umweltministerium-und-verbraucherzentrale-starten-reparaturbonus-61008（最終閲覧 2021/12/28）
＊10　Euronews. “EU law requires companies to fix electronic goods for up to 10 years” https://www.euronews.com/2021/03/01/eu-law-requires-companies-to-fix-electronic-goods-for-up-to-10-years（最終閲覧 2021/12/28）

Column

幼少期の関心事と、
20代で考え始めた

社会課題 × ビジネス

今の僕のサーキュラーエコノミーを推進する活動は、幼少期からの素朴な関心ごとが関係しているように感じている。

小学生の頃、街で白杖をついた方を見かけると、「もし僕の目が見えなかったら、どんな生活になるだろう？」と感じ、目をつぶって学校まで歩いてみようとしていた。中学生の頃には近所の公園にいる路上生活者の方を見て、「うちでシャワーを浴びてもらって一緒にご飯を食べてはだめなのかな？」と感じていたけれど、行動に移す勇気はなかった。中学でも高校でも社会科の資料集で環境問題や海外の様子を知ることが好きだった。「大学に進学したら、海外に行って環境保全に関わりたい」と自然と思っていたように、幼い頃からいわゆる「社会課題」を改善する人生を送りたいと漠然と考えていた。

そして、大学時代のアルバイトが今の活動の重要な原体験になった。ホテルの朝食ビュッフェの担当である。毎朝のビュッフェ終了時、シェフの方々が時間をかけてつくった料理が洗い場へ下げられる。僕の役目は、それらの料理をできる限り速くポリバケツへ捨てていくことだった。75Lのごみ袋はすぐに一杯になり、毎日10袋近くが廃棄されていく。これがきっかけでフードロスに関心を持ち、本を読み、様々な市民活動に参加するようになった。

ただ、いざ就職活動の時期を迎えると、参加してきたような市民活動の組織に就職したいとはどうしても思えなかった。素晴らしい活動をされていた組織ばかりだったが、多くが非営利で、スタッフは長時間労働と低い収入に常に疲弊していたように見えた。補助金が減らされ、活動の継続どころか一般的な生活を送ることさえ難しいような場面も見てきた。

それ以降僕は、「社会課題をビジネスで改善できないか」ということに関心を持ち続けることになった。ドイツでの留学中にSIRPLUSの活動に協力したいと思い、またサーキュラーエコノミーを官民で推進するオランダに魅力を感じて移住する決断に至ったのには、幼い頃から持ち続けてきたこうした素朴な関心ごとが深く関係しているように感じている。

オランダのビジネスマインド

自国で先進的モデルをつくりあげ、対外的に知的財産でビジネスをする

日蘭企業の違いの一つは、ビジネスの海外展開の戦略にあると感じている。日本で対外ビジネスというと、海外に拠点を構えモノを生産・販売する形態が一般的である。一方オランダは、まずZoom in（寄りの視点）で自国の課題を直視してから、Zoom out（引きの視点）で大枠を見つめ、世界が今度どう進むかを長期的に分析する。双方の視点から海外展開の最適なアプローチを見出しつつ、自国でまず先進的なモデルをつくりあげる。国内で好事例ができると、後述するようにオランダが進める英語での情報発信も功を奏しBBCやCNN、The Guardianといったイギリスのメディアに取り上げられ、遠く離れたアメリカや中国、インド等からも注目が集まる。その後、モデルメイキングの際に得たノウハウや知的財産でのコンサルティング業務で、対外ビジネスを展開する。つまり、国内で先進的モデルを築き注目度を高める「第一段階」と、それまでに培われた知的財産でビジネスする「第二段階」の二つのフェーズがあり、第二段階では、人員や資源量をむやみに投入し販売規模を広げることには注力されていない。

このような知的財産による対外的ビジネスの最大の利点は、人口規模や資源量に依存しない経済活動が可能であることだ。つまり、取引相手国や企業に担当者を一人つけるだけでも、貴重な知識やノ

ウハウ、アドバイスを通じてビジネスが成立する場合が多い。

これに関連し、オランダでは、視察の受け入れや意見交換の場はビジネスの重要な一部として認識されている。サーキュラーエコノミー分野で注目されている企業では、一回の視察対応で500~5000ユーロ(日本円でおよそ6万円から60万円)ほどの報酬額が設定されている。訪問企業は貴重な知的財産を得られる場として認識しているため、金額に不満を示すことはなく、むしろリーズナブルであるという意見も聞かれる。受け入れ側の企業は多い日には1日で10社対応すると話す担当者もいる。視察受け入れは一人でも対応可能なため、意見共有やアドバイザリーといった知的財産をベースにしたビジネスだけでもまとまった収入源の一つになっていることが分かる。

これは、今後の日本にも参考になる戦略である。日本でも高度経済成長期と同じような大量生産・大量消費型のビジネスが通用し難い社会状況を迎えている。Zoom in と Zoom outで自国と世界を長期的に分析し、国内で先進モデルをつくりあげた後には知的財産ベースのビジネスへ切り替えるオランダ型の戦略は、今後日本のビジネスが世界に活路を拓いていくヒントになるだろう。

「世界初」に価値を置く

世界初のサーキュラーエコノミー・ジーンズ「マッド・ジーンズ」に、分解できるエシカルスマートフォン「フェアフォン」や、エシカルファッションのミュージアム「ファッション・フォー・グッド(Fashion for Good)」、50近くもの家々が連結した水上のスマートコミュニティ「スホーンスヒップ(Schoonschip)」。いずれも3章で紹介するオランダの取り組みだ。このようなオランダの企業からは、「世界初」の取り組みであることに大きな価値を置いていることが見えてくる。その他にも、路上に捨てられたガムのごみをソール素材に活用したシューズ「ガムシュー（Gumshoe）」や、服を借りられる図書館として有名な「レナファッションライブラリー（LENA the fashion library）」。そして、世界で初めてサーキュラーエコノミー政策を国と自治体レベルで掲げたオランダ政府とアムステルダム市等、枚挙にいとまがないほどオランダには個性的な事業や政策があふれている。

オランダで生活している中では、独創性や個性、自分らしさの表現が社会で尊重されていることを身を持って感じられる。現地で活躍する友人たちからは、まだ誰もやっていないことの実現に大きなやりがいを見出し仕事で実践している様子が伝わってくる。教育環境では、子ども達が「やってみたい！」と言うことは家族も学校も社会もまずはやらせてあげ、失敗をした際には周りの皆で支え、再チャレンジできるようにサポートする風潮がある。これはおそらく、オランダの歴史の中で、個々人が先見の明を持って世界初に挑戦することで、国全体の生き残り政策や企業の繁栄、個々人の生きがいや成功体験に繋がってきたことが、現在でも引き継がれているからのように感じられる。

前例のない活動も「やりながら、学んでいく（learning by doing）」

あるときアムステルダムの友人と、オランダ人のこうした独創的な考え方やそれを表現する実行力、社会の仕組みについて話をしていると、こんな答えが返ってきたことがある。

「アキ、俺たちを誰だと思ってるんだい？　世界初の株式会社をつくったのは俺たちオランダ人だぜ。ウォール・ストリートの前身だって俺たちの先祖がアムステルダムでつくりあげたモデルさ。オランダ人にとっては、前例がないからってやらない理由にならないんだ。まだ誰もやっていないからこそ、やりがいが湧くんじゃないか。やりながら、学んでより良くしていけばいい（learning by doing）」。

常に時代の先を読み前例のない取り組みに実験的にチャレンジしていくオランダにとって、欠かせない考え方がある。それがこの「learning by doing（やりながら、学んでいく）」だ。

後述するように、オランダは16世紀に世界初のプロテスタントの国として独立したが、スペインやイギリスといった大国に対抗するために他の宗教も受け入れる決断をした。結果個々の信仰に違いがあったことで、画一的なトップダウンよりも、一人ひとりの状況に合わせた判断と自主性が重んじられるボトムアップの社会が築かれていく。「learning by doing」は、他に参考にできる国がなくまさに前例のない社会環境にあった建国当初から築かれてきたマインドである。その後、アジアと欧州の間で貿易が本格化した際にも、オランダは時代を見越してひと足早く高速船の技術開発に力を入れていたため、交易ルートの覇権を握ることができた。小国であるが故に常に先見の明を持ち他国よりも先手を打って行動に移すことが、生き残り政策として欠かせなかった状況がうかがい知れる。

現在私たちが直面している気候変動や環境汚染、人口増加、フードロス、マイクロプラスチックといった地球規模の課題も、人類が初めて経験している事態である。「前例のない課題には、前例のないアプローチが必要」という考えはオランダに今も根付いている。そこで、率先して「learning by doing」で進められている経済・社会の変革がサーキュラーエコノミーなのだ。

英語での発信に力を入れる

オランダの公用語はオランダ語だが、多くの企業がHPやプレスリリースを英語でも用意し情報発信に力を入れている。これは、国内市場の規模が元々小さいため、対外的な発信やビジネス展開が欠かせなかったことが背景にある。現在では英語で日々発信することで世界中のメディアに自分たちの事業を広く知ってもらえ、巡り巡って前述した知的財産型ビジネスに結びつくことが認識されている。

英語での情報発信は行政も同様である。オランダに移住すると、自治体や銀行の情報も英語で手に入りやすく、窓口のスタッフで英語が話せない人はまれだ。また、英語圏からの移住者が多く、アメリカやイギリス、オーストラリアから移住した知人たちにその理由を尋ねると、英語で働けるからという返答が多く得られる。英語圏以外の国で、オランダは英語が話せる人の割合が北欧諸国と並び世界でも高水準にあることが、移住先としての高い人気に繋がっている。なおアムステルダム市の人口は現在86万人ほどであるが、近年は移民を積極的に受け入れており2030年代半ばまでに100万人都市になると見込まれている。[*11]そのため3章のサークルで紹介するような、サーキュラーエコノミーの理念と最新技術が随所に導入された建築物の建設ラッシュが起こっている。

「市場＝国内」という固定観念からの脱却

国内市場が小規模であるオランダでは、新規事業を立ち上げる際に周辺諸国も市場として見据える習慣が根づいている。そのためマッド・ジーンズやフィリップスのようなリースサービスは、立ち上

＊11 City of Amsterdam “Urbanisation” https://journey.circle-economy.com/circularamsterdam#156698（最終閲覧 2021/5/28）

げと同時に国内だけでなくEU市場で展開されることが多い。国内市場だけでは採算が見込めない事業も、EU市場で展開することで充分なビジネスチャンスが見込めるのだ。オランダが英語での事業展開に力を入れている強みはここでも生かされる。また、サーキュラーエコノミーで特徴的なリースサービスに伴う返却コストは、EU市場内の輸送であれば採算が取れるよう算出されることが多い。

人口減少社会を迎えている日本でも、国内市場にのみ頼ることが年々難しくなってきている。もちろん文化的、言語的な違いはあるが、例えば新しいリースサービスを立ち上げる際に、日本だけでなく韓国や台湾、中国、香港や東南アジア等の周辺地域も含めて市場形成を試みると、新しいビジネスの可能性が見えてくるように思われる。

国内企業同士で行うのは「競争」ではなく「共創」

前述のように各企業が独創性を大切にして世界初を目指し、初めから海外市場も見据えることによって、オランダで見られる興味深い現象がある。それは、日本のように国内に似たビジネスモデルの乱立や市場の奪い合いがそれほど起こらないことだ。例えば日本では大手外食チェーンや小売業、自動車産業の上位数社は似たビジネスモデルで国内市場で凌ぎを削っている。しかし、オランダでは事業規模の大小はあれど、企業がお互いを模倣するより独自の市場を見出し、個性的なビジネスモデルを立ち上げ、別々の方向性で成長し合っている。そのため企業同士は「競争」の代わりに「共創」し、対外的には団結してオランダとしての強みを示せているのだ。これも大国に囲まれた小国オランダの歴史の歩みの中で、必然的に養われた姿勢なのかもしれない。

日本とオランダの比較

アムステルダム　――少数民が暮らす地域から、欧州有数の都市へ――

14世紀、ロンドンやパリは既に欧州で指折りの都市に発展していた。一方で、現在アムステルダムが位置する地域はたびたび水害に悩まされてきた土地柄、住居を建てるにも農作物を栽培するにも適さず、人口3000人ほどの小さな集落が築かれるに留まっていた。[*12] そんなアムステルダムが欧州でも有数の都市にまで発展したのには、二度の大規模な人口流入という経緯がある。

一度目の人口流入は、現在のオランダの礎となったネーデルランド連邦共和国が1581年にスペインからの独立を宣言したことで発生した。ネーデルランド連邦共和国は世界初のプロテスタントの国として独立したが、ユダヤ、イスラム、カトリック等、他の信仰を持つ人々への弾圧や国外追放は行わず、むしろ思想的・宗教的に寛容な政策を取ることで国民全体で国を盛り上げる文化が築かれていった。当時の有力者であるスピノザやデカルトらはアムステルダムの自由な風潮があったことで、迫害や弾圧を恐れず研究に専念できたという記録もある。[*13] これは、周辺の国々に比して小国であったオランダによる生き残り政策であったとも言える。これによって、当時のカトリック政策に異を唱えていた人々が各国から移り住んでくることとなった。

また当時先に貿易していたポルトガルを追い出し日本との独占貿易が締結できたのも、この宗教的

＊12　Geert Mak “Amsterdam: A brief life of the city”（Harvill Press, 1999, 36頁）
＊13　同上、108頁

寛容さがあったからと言われている。[*14]江戸幕府にとって、ポルトガルとの貿易は布教活動の容認とセットでありあまり好ましくなかったが、布教活動と交易を切り離し商業活動だけを行うオランダは、理想的な貿易パートナーであったのだ。

ちなみにオランダの思想的寛容さは現在でもしっかりと根づいている。例えば、他の国々に先んじて2001年に世界で初めて同性婚を認め、世界で最もLGBTQが暮らしやすい国の一つとして移住者の人気を集めている。アムステルダム市内の至るところにレインボーステッカーや旗が出され、LGBTQもそうでない人も市民一体で共生する風潮がある。「多文化理解」という言葉を出さずとも、子どもの頃から様々な国籍や思想の人々と共に生活をする社会環境があるのだ。

オランダの二度目の人口流入は17世紀初頭に発生した。当時のオランダは、優れた航海技術と高速船の開発により当時きわめて価値の高かったアジアとの香辛料貿易を独占しており、黄金時代を迎えていた。その結果、オランダに移り住み商売する夢を抱いた商人たちが世界中から押し寄せ、大規模な人口流入が発生した。そうして得られた莫大な富は、近代科学技術の発展、水害に屈しないまちづくり、そして芸術家の支援等に充てられ、現代のオランダの基礎が築かれていく。

オランダのビジネスに欠かせないデザイン性と、日本人の美意識

デザインには、いくら優れていたとしても数値化して客観的に評価できない難しさがある。そのため、私が日本企業のプロジェクトに参画しても、「商品デザインにお金を掛けたところでどのくらいのリターンになるか分からないため、そこまで予算を割けない」という意見が上がり、優れたデザイ

＊14　紺野登『幸せな小国オランダの智慧　災害にも負けないイノベーション社会』(PHP新書、2012)

ンが導入されないことがある。一方3章の事例にも見られるように、オランダでは、ビジネスには優れたデザインが重視される。商売においていかにデザインが重要かという経験則が共有されているからだろう。

日本の伝統工芸には、簡単には真似できないような緻密な意匠が凝らされた作品が数多く存在する。しかし、デザインや美に対する日本人の意識は、二度の大戦と高度経済成長期に大きな影響を受けた。当時求められたのは、安価に短期間で大量に一定品質のものが供給されることで、それは明治維新を経て国際的競争に晒される前に日本人が持っていた職人気質な姿勢とは全く逆のことだった。

しかし、現在各国でサーキュラーエコノミーへの移行が進められる中では、長期的に一つのものを大切に使い続ける習慣や、そのためのものづくりの変革が生まれている。この世界的潮流は、日本人が本来持っていた感性や心構えをもう一度取り戻し、時間を掛けて丁寧なものづくりやデザインに向き合うことで、日本の芸術美を再び世界へ示していくことのできる好機であると感じている。

オランダに学ぶ、人口規模に頼らない経済活動

国が人口を増やすには、子どもの数を増やすか移民を受け入れるかの大きく二通りの政策がある。ただこの両者の間には、例えば人口増加に転じる政策を打ち立てた場合、前者は効果が現れるまでに数年を要するのに対し、後者は方針転換された直後から効果を見込めるという異なる特色がある。また、後者は人口をある程度まで増加させた後には、政策を厳格化させることで再び人口維持の状態に戻すという調整が行いやすい側面もある。さらに移民には若者や働き盛りの世代が多いため、社会で

即戦力として活躍してもらいやすい特徴もある。

オランダの人口は、この20年間で微増している。オランダの合計特殊出生率（一組の夫婦から生まれる子どもの数）は日本と同様で2を下回っており、[*15]子どもの数だけでは人口は減少見込みにあるため、出生率と移民政策の双方のバランス調整によって人口規模を1700万人前後に維持していることが分かる。

今のところオランダのような積極的な移民受け入れ政策が見られない日本では、今後人口減少を迎えることは確実視されている。つまり、人口規模の縮小に伴い新しい経済・社会の仕組みづくりが求められており、ここまでに見てきたようなオランダの政策を広範囲で応用していくことが有効であると分かる。

課題先進国だからこそのチャンス

変革期にある現在の日本は、「課題先進国」と呼ばれるほど様々な社会課題を抱えている。少子高齢化、低迷する経済成長、年金問題、プラスチック、食料自給率、フードロス、富の不平等な分配等。しかし、「先進」と言われる通り、日本が抱えているこれらの社会課題は他の諸外国にとっても対岸の火事ではなく、むしろ近い将来に訪れる問題として認識されている。そのため、日本がこれら課題に対してどのような対応を見せるかに注目が集まっているのだ。日本が前例のない社会課題に「やりながら、学んでいく（learning by doing）」の姿勢でアプローチし、優れた改善策を示し、その過程で培われた知識やノウハウを海外へ共有できれば、そこには他の国の社

＊15　THE WORLD BANK "Fertility rate, total (births per woman) - Netherlands" https://data.worldbank.org/indicator/SP.DYN.TFRT.IN?locations=NL（オランダ：1.59（2018）、最終閲覧 2021/5/28）
THE WORLD BANK "Fertility rate, total (births per woman) - Japan" https://data.worldbank.org/indicator/SP.DYN.TFRT.IN?locations=JP（日本：1.42（2018）、最終閲覧 2021/5/28）

会をより良くしていく可能性も秘められている。

例えば、2017年に「注文をまちがえる料理店」が日本中で大きな注目を集めた。[*16]「注文をまちがえる料理店」で接客を務めるのは認知症を抱えているけれどもまだまだ活躍したい方々。「まちがえる」ことが極力避けられる工夫は随所にされているものの、それでも注文と異なる料理が運ばれてきたときにはお客さんもスタッフも寛容に許し合うという、自然と誰もが心温まるプロジェクトだった。当初プロジェクトチームは国外への宣伝活動は一切行っていなかったものの、日本でのオープン以降海外メディアにも広く取り上げられ、その後韓国や中国、イギリス等でも同様の企画が開催されるまでに至った。日本と同じような社会環境にある国々が日本の好事例から学び、各国での活動の輪を広げていくという道筋は、今後企業が新しい事業を立ち上げる上でも学びになるだろう。

日本独自の強みを活かす

ものづくり国家・日本には、町工場などの製造・修理拠点、流通網、充実した研究施設が全国に点在し、いまだ1億2000万人規模の市場を有す。また104頁で紹介する「アーバン・マイニング（Urban Mining：都市鉱山）」の視点で見ると、活用の進まない国産木材や繊維・衣類在庫、空き家、廃棄食材、活躍の場を見い出せない若者（114頁）など、可能性ある資源が豊富に眠っている。これらはオランダにはない日本の特徴であり、サーキュラーエコノミーを進めることで強みになる。その先には、地域活性、地元材活用、処分コスト削減、官民学の研究・技術開発促進、雇用創出、教育環境充実、幸福度向上等の複合的利点が見込め、日本全体での「3つのP」向上に繋げられるのだ。

＊16 ForbesJAPAN「『注文をまちがえる料理店』のこれまでとこれから」https://forbesjapan.com/articles/detail/16640（最終閲覧 2021/5/28）

オランダの実践

CHAPTER

Dutch Initiatives

アムステルダム市の特徴の一つは、市民の平均年齢が37歳と、若い人口構成である点だ。[*1] これは、ロンドン（40歳）やベルリン（42歳）等の欧州の他の都市と比べても若い。ちなみに東京都の平均年齢は２０２１年５月現在で45歳と言われている。[*2]

また、欧州第三の利用者数を誇るスキポール空港が、中心部から電車でわずか20分ほどの距離に位置していることも特色だ。そして、国内最大のオフィス街であるザイト（Zuid）地区は空港から電車でわずか10分ほどに位置し、空港を利用する国際的なビジネスパーソンたちが行き来しやすい都市構造になっている。また中心部の電車は全て地下を走らせることで、まちには市民の移動を阻む踏切がない。中心部は端から端まで移動しても自転車で30分ほどのコンパクトなつくりだ。このような特徴のほか、チェーン店が少なく個人商店が多い風景や、まちなかに川が流れている様子は、日本でいうと京都の印象に近い。市民の移動手段は自転車、トラム（路面電車）、電車、バスが基本で、市内に住みながら自家用車を所有する人は多くない。

本章では、アムステルダム市を中心にサーキュラーエコノミー型のビジネスモデルを進める12の事例を紹介する。分野は食、建築、アパレル、テクノロジー等多岐に渡るようにし、設立年、事業規模、ビジネスの特異点、今後の展望等詳細に記すことで、日本での実践のヒントになるように努めた。また何より、実践者たちの人となりやその場の臨場感等が伝わると幸いである。

＊１　Admin Stat "Maps, analysis and statistics about the resident population" https://ugeo.urbistat.com/AdminStat/en/nl/demografia/eta/amsterdam/23055764/4（最終閲覧 2021/5/28）

＊２　東京都総務局統計部「住民基本台帳による東京都の世帯と人口」https://www.toukei.metro.tokyo.lg.jp/juukiy/2021/jy21qf0001.pdf（最終閲覧 2021/5/28）

インストック（Instock）

一流シェフが腕をふるう、廃棄食品レストラン

「インストック（Instock）」は2014年にアムステルダムにオープンしたレストランで、美味しく食べられるにもかかわらず賞味期限切れ等の理由で廃棄されてしまう食材を地域のスーパーマーケットやベーカリー、生産者から調達し、調理・提供しているレストランだ。既にハーグとユトレヒトにも進出するほどビジネスとしても発展を遂げており、その鍵になっているのは、味の圧倒的なクオリティである。現在インストックで総料理長を任されているアンドレアス・ハリソマリス（Andreas Chrysomallis）氏は、「世界一のレストラン」として有名なデンマークの「ノーマ（Noma）」で活躍していた実績を持ち、他のシェフたちも一流レストランでの実践があるメンバーばかりだ。

　インストックでは、本来廃棄されてしまうからこそ食材を低価格で調達できており、そのため一流シェフのランチやディナーをかなりリーズナブルに提供している。ランチプレートなら約1500円、ディナーでは前菜、

現地の様子はこちらから

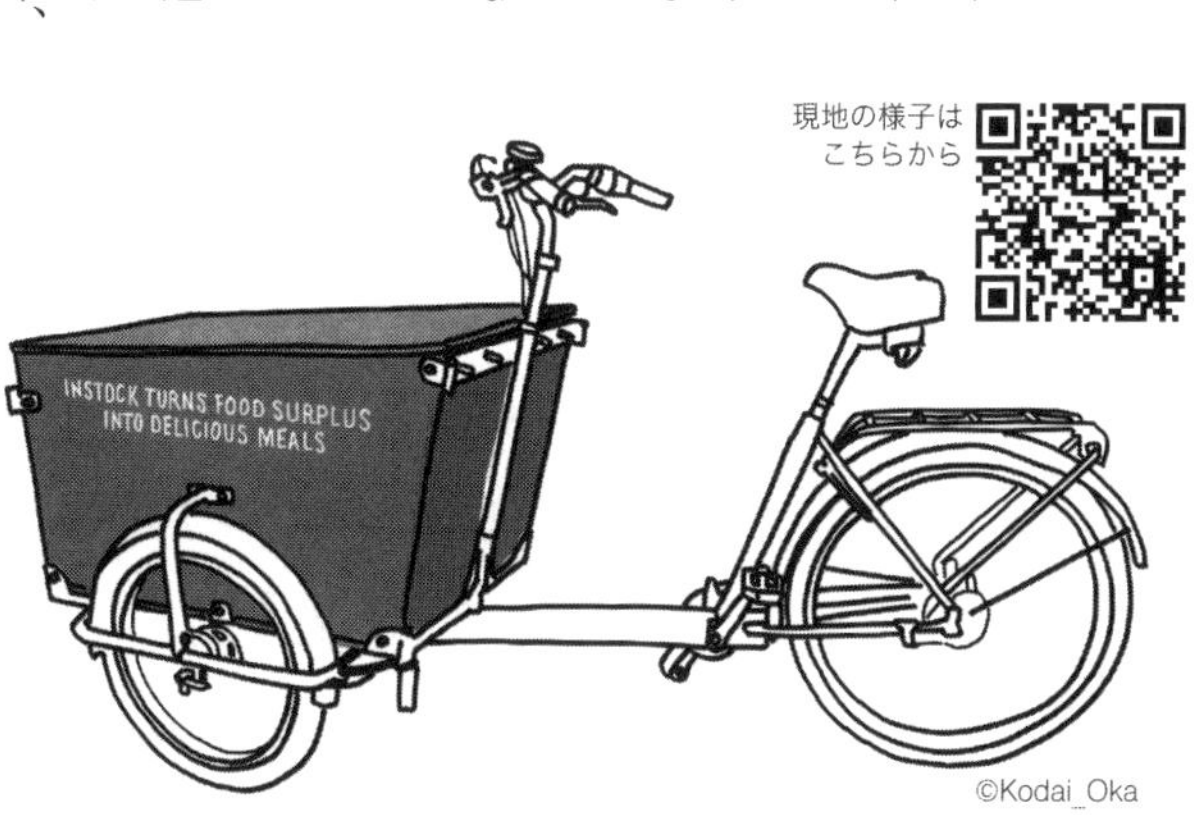

©Kodai_Oka

メインディッシュ、デザートまでのフルコースで約3500円と、アムステルダムでは破格の価格設定だ。店内は落ち着いた雰囲気でフォーマルとカジュアルのどちらのシーンにも合うため、スーツ姿のビジネスマンから子ども連れ家族、学生まで幅広い層に利用されている。新型コロナウイルスが蔓延する前には、一日100名ほどが来店していたという。

「ある企業の廃棄物が、別の企業にとっての資源となる」という点で、インストックはサーキュラーエコノミーの実践企業として世界中から注目を集めている。世界経済フォーラムが主催するダボス会議では、サーキュラーエコノミーへの功績が認められフィリップスが受賞した2018年に、インストックはファイナリストにノミネートされた。

大手企業の社内ビジネスコンテストから創業

元々インストックのアイデアは、オランダ最大手のスーパーマーケット「アルバート・ハイン（Albert Heijn）」の社内ビジネスコンテストから生まれたものだ。インストックの共同創業者であるフレーケ・ヴァンニムヴェゲン（Freke van Nimwegen）氏と他の従業員は当時、アルバート・ハインから毎日出ていた大量のフードロスを課題に思っていた。そこで、社内で開催されたビジネスコンテストで、スーパーマーケットから出る廃棄食材を活用する「廃棄食品レストラン」のプロジェクトを提案すると、アルバート・ハインから全面的支援を受けられることが決まり、わずか半年後にはアムステルダムに1号店をオープンさせることとなった。実はアルバート・ハインにとっても、廃棄食材は長年の悩みでもあったのだ。さらに、インストックのファウンダー達がコンセプトに合うと感じたシェフ達に直

1. 太陽光で明るい店内。100 名ほど収容可
2. 盛り付けのセンスも研ぎ澄まされている
3. オープンからその日までにレスキューされた食料量（kg）。写真は 2018 年 2 月時点
4. 一流シェフの調理の様子が垣間見れる

接コンタクトを取り、彼らの参画が決まった。

インストックの誕生によって、アルバート・ハインは食品廃棄量を減らすことができ、レストランでは低価格での食材調達と料理の提供が可能になった。さらに、地域住民は気軽に一流シェフの料理を堪能し、その経験を通じてフードロスの問題に関心を持ち関連する活動に参加し始めるという、地域の誰にとっても良い仕組みができあがったのだ。「マテリアル・フローアナリシス（資源流動分析）」（77頁）でも見たように、「生ごみ」は「建築廃材」「プラスチック」と並びアムステルダム市で最も多い廃棄物であり、市にとってもインストックの取り組みは歓迎するものだった。またオランダ政府としても、国際的に規制が年々厳しくなりつつある温室効果ガス排出量を減らすことができ、市民は廃棄物処理のために負担している税金を間接的に軽減できるという効果も期待されている。

シェフに求められるのは「創造力」と「想像力」、そして「即興性」

インストックには一般的なレストランと異なる点がいくつかある。そのうちの一つが、使用できる素材がその日にならないと分からないことだ。店舗には毎日13〜14時頃、その日に回収された食材が届けられる。調達された後にはシェフたちが集まり、その日のディナーコースのメニューが考えられる。なかには、あまり日持ちしない食材や豊作ゆえに大量に運ばれてくる食材もある。その際には、日持ちするようピクルスにされるものや、トマトパウダー等乾燥させ常時使用できる調味料として活かされることもある。ピクルス等発酵食品を仕込むには貯蔵スペースが必要だが、インストックではそれを逆手にとり、大きな瓶に入れられた色とりどりのピクルスが、店内のカラフルなディスプレイにもなっている。

シェフたちに有名レストランからインストックに移った理由を尋ねたところ、皆から第一声で「仕事にやりがいを感じた」という答えが挙がってきた。フードロスという世界的な課題に取り組みながら、メニューをありきで食材を調達するのではなく、廃棄される食材からメニューをつくりだす。こうした独自の仕組みには、経験豊富なシェフたちにも高い「創造力」と「想像力」、そして「即興性」が求められるという。自分たちの経験と能力を最大限発揮できる環境は、彼らの働きがいにも繋がっているそうだ。廃棄食材を人々が喜ぶ一流の味に調理することに、シェフ一人ひとりが情熱を掛けていることが伝わってきた。

地域住民を惹きつける店づくり

インストックの主なターゲットは、後述する「トニーズ・チョコロンリー」（140頁）と同様にあくまでも一般的な地域住民だ。オランダでも、廃棄食材の回収ボランティア活動に頻繁に参加する人はまだまだ少数派であり、いわゆる意識の高い彼女ら・彼らだけをターゲットにしても社会全体から出る廃棄食材を救い切ることはできず、ビジネスとしても成り立たない。そのためインストックでは、まず誰もが一度は訪れたいと思うような味の良さと店内の空間づくりを徹底し、経営理念やメッセージはバナー文字のような主張の強い見せ方ではなく、さりげないデザインで表現することが心掛けられている。

実際に店舗を訪れると、まず厨房から食欲をそそる料理の香りが漂ってきて、洗練された内装からは心地良い雰囲気が伝わってくる。そして、席に着いて辺りを見渡すと、店内の誰の目にも触れる位置に「382057」等の数字が並んでいる。初めて訪れたお客さんは、必ずと言っていいほどこの数字の意味をスタッフに尋ねるそうだが、質問を受けたスタッフは、その数字がオープンからその日までにインストックがレスキューした食材の総量であることを伝える。ここで、インストックのコンセプトを知らずに来店したお客さんにも、レストランの取り組みや社会課題を知ってもらうきっかけが用意されている。その数字以外の内装にも品があり、落ち着いて食事や談笑を楽しめるつくりになっていることもポイントだ。ちなみに、毎年30万kgほどの食材がレスキューされるらしい。

また、廃棄されるパンやジャガイモの皮から製造したクラフトビールや、ビールの搾りかすからつくったグラノーラの開発、廃棄食材を活用したレシピ本の出版等、調理に留まらない多様でユニークな取り組みも、インストックが地元民に愛されている秘訣だろう。HPでは、インストックが教育機関と共同開発したフードロスの教材が誰でも無料ダウンロードできる。[*3] 初めてフードロスの問題を知った利用者は、そこからインストックが提供する発酵食づくりのワークショップや、廃棄食材をレスキューするイベントに周りの人を誘って参加するという流れが生まれている。

また、インストックは2019年から、自分たちだけでは活用しきれない廃棄食材を保管する大型の倉庫を構え、後述するサークル（102頁）をはじめとする他のレストランに食材を卸値価格で販売する事業を開始した。この食料調達事業により、オランダ国内では通常のレストランにも、メニューの一部に本来廃棄されるはずであった食材を扱うお店が増えてきている。

＊3　Instock “LESPAKKET OVER VOEDSELVERSPILLING” https://www.instock.nl/lespakket-voedselverspilling/
（2021年5月現在オランダ語のみで利用可能）

— Column —

Couchsurfing での繋がり

Instockとの出会いとその後

どうしてもInstock《インストック》にインタビューしたかった僕はホームページから問い合わせ、面識はなかったものの共同創業者のFreke van《フレーケ ヴァン》 Nimwegen《ニムヴェゲン》にもFacebookでメッセージを送ったが、返事は一向にこなかった。

しかし、「Couchsurfing《カウチサーフィング》」という宿泊サービスで泊まらせてもらっていたオランダ人にそのことを話すと、なんと友人がInstockで働いているという。その後、彼女へ連絡をしてくれ、帰国まであと1週間のところで直々にインタビューできることになった。

インタビュー当日に迎えてくれたFrekeは、僕より少し若く見える、聡明な印象だった。欧州企業では女性代表は珍しくなく、むしろサーキュラーエコノミーやサステナビリティ関連の企業は20～40代の若い女性が代表であることが多い。インタビューを通して見えてきたのは、Instockの成功の秘訣だ。

・従業員一人ひとりのアイデアを実験的に活かす環境がつくられている
・社会をより良くしたい想いが初めにあり、その実現のためにビジネスの手法を用いる
・自分たちが望む形で表現するために、サービスやデザインには徹底的なこだわりや遊び心を凝らし、心からやりがいや楽しさを感じながら取り組んでいる
・最大化を目指すのは「経済的利益」よりも「自分たちがつくりたい社会的インパクト」

ちなみに、僕はこれまでInstockで40回以上食事してきたが、驚くべきことに同じ料理だったことはほとんどない。彼女ら自身も毎日即興で調理しているため、何回訪れてもいつも新しい料理が楽しめる。

Instockのインタビュー映像はその後、SDGsをテーマにした映像コンテスト「SDGs Creative Award 2018」でANAホールディングスから特別賞をもらうことができ、国際線内で上映された。95頁のQRコードからご覧いただきたい。

サークル（CIRCL）

メガバンクによる分解できる建築

「銀行業もビジネスであり、これからはサーキュラーエコノミーに基づいた戦略が欠かせない」。

オランダの三大メガバンク「アイエヌジー（ＩＮＧ）」「ラボバンク（Rabo Bank）」そして「エービーエヌ・アムロ（ABN AMRO）」からはこのような姿勢が感じられ、それぞれ独自のサーキュラーエコノミー政策を掲げている。このうち特に注目を集めているABN AMROは、軍事産業への融資・投資を辞め、その分サーキュラーエコノミーやサステナブルビジネスを推進する企業への支援を手厚くしている。世界経済フォーラムが主催した２０１８年のダボス会議では、サーキュラーエコノミー分野へのファイナンスを先導した功績が認められ賞を受賞した。

２０１７年、ABN AMROは従業員の増加による会議室不足を受け、アムステルダムの本社オフィス前に複合施設「サークル（CIRCL）」を設立した。以前から社員の間には「銀行はまちなかのアクセスの良い

©Kodai_Oka

場所にあるにもかかわらず、市民に足を運んでもらえるのは口座開設や保険契約の時だけ」という課題認識があった。そこで新しい施設は「単なる閉じた会議室ではなく、住民が日常的に訪れたいと思える場所にしよう」というコンセプトが採用されることに。その際、世界的な潮流を長期的に見越し、建設にあたってはサーキュラーエコノミーのコンセプトが取り入れられることになった。世界中のどの銀行も手掛けたことのない、まさに前代未聞のプロジェクトであり、「learning by doing（やりながら、学んでいく）」の姿勢が欠かせない計画だった。

サークルは地下一階から地上二階までの広大な複合施設で、会議室以外にも、ハーブ類を自家栽培するレストランやバー、サーキュラーエコノミー製品を取り扱うセレクトショップ、アーティストの作品展示スペースまで併設されている。また、サステナビリティに関するワークショップや、ヨガやサルサ教室等の市民参加イベントも多く開催されている。屋上庭園では養蜂が行われており、季節によっては採取された蜂蜜の販売も行われる。新型コロナウイルスが蔓延する前には、毎月５０００人ほどが利用していたという。

一階にあるレストランは、一度は食事をしてみたくなるような雰囲気の良さで、まさかここが銀行の施設内だとは思えないほどだ。１５０名ほど収容できるスペースで、昼夜を問わず、スーツ姿の銀行員や、近隣オフィスで働くビジネスマン、そして地元住民等が立ち寄り、利用者は幅広い。ちなみに食材の一部はインストックから購入された、地域のスーパーマーケットから廃棄される予定だったものが使用されている。インストックは自分たちのレストランで使用しきれない食材をサークルに購入してもらい、サークルは食材を卸値程度で調達できることで、最終的に提供される食事の値段も抑えられる。また、サークルが重視するリデュースの観点から、メニューは電力消費の抑えられる薪のオーブンと直火で調理できるものを中心に構成されている。このように消費電力の削減とフードロス対策から考案されたメニューだが、結果として他と差別化された独自の料理に繋がっている。

テーブル席のすぐ隣ではハーブが栽培されている。ハーブは輸送の段階で痛みやすいため、通常の調達ルートで購入されるものの中には、約80％が廃棄される種類（クレソン等）もあるという。つまり、レストランで自家栽培することにより新鮮なハーブを使用でき、新鮮さを活かした個性あるメニュー開発にも繋がり、輸送と調達コストの削減が可能になる。また、レストランで使用されているおしゃれなデザイナーズチェアは、廃棄予定だった冷蔵庫のラジエーター、ソファはベッドのマットレスが加工・活用されている。レストラン利用時等のレシートは自動で発行されず、希望者にだけメールで送られる。

「アーバン・マイニング」を軸にしたサーキュラー建築

「マテリアル・フローアナリシス（資源流動分析）」（77頁）でも紹介したように、建築廃材はアムステルダム市全体の廃棄物のうち大部分を占めているため、特に優先して官民一体の取り組みが進められている。

実際、サークルの建設にもサーキュラーエコノミーの実験的な取り組みが多数導入された。その軸に据えられた考え方が「アーバン・マイニング（Urban Mining）」だ。日本の「都市鉱山」という考え方がもとになっているそうだが、「アフリカやアジア等の遠く離れた場所からわざわざ新しい資源を輸入しなくとも、自分たちのいる都市部で出る廃棄物を活用しよう」というコンセプトである。

1. 上方の黒い側面がファサードソーラーパネル
2. 開放的な入口とサーキュラー商品のストア
3. 手話カフェ。左側のパネルで手話を学び注文
4. 中の様子が外側から見える会議室

アーバン・マイニングに基づき、サークルにはオランダ国内で取り壊しになった建物から調達された資材が随所に活用されている。建物に入ってまず目に留まるのが、温もりと高級感が伝わってくる木製フロアだ。形やサイズの異なる色とりどりの木材が組み合わさったモザイク画のような文様は、サークルの象徴にもなっている。これらはオランダ国内で取り壊された修道院や廃業になったレストランから回収された資材である。ほかにも、建物には次のようなものが使われている。

- 会議室のレトロなガラス窓やオフィス家具類　→フィリップスのオフィスが取り壊される際に引き取られたもの
- 廊下に設置された長机　→ABN AMROで使用されていた重厚な個人貸金庫
- 防音壁　→ABN AMROで使用されていた旧型のユニフォームを裁断・繊維化。防音素材特有のスポンジのような適度な柔らかさと反発があるため、多目的室では椅子や段差にも利用
- 壁の断熱材　→ABN AMRO社員から回収された1・6万本以上の履かれなくなったジーンズを繊維化

このようにサークルでは、地域や社員から集められた古い素材が織りなす唯一無二のレトロな風合いとモダンなデザインの調和が光る。他に類を見ない特徴的な空間づくりによって、訪れた人は「他の銀行とは何かが違う」と自然と感じ取るだろう。

なお、2章（79頁）で述べたように、オランダ行政では「民間が得意な活動は民間に任せ、行政は行政にしかできないことに注力をする」という分担が徹底されている。アムステルダム市が挙げる行政の役割（知識の共有／投資／規制の撤廃・改訂）のうち、ここでは3点目の「規制の撤廃・改訂」について、具体的な動きを紹介したい。サークルの建設当時のオランダでは、サーキュラーエコノミー

を進めるには建築業界の廃棄物を減らし、コンクリート廃材の活用が急務であった一方、建材にリサイクルコンクリートを使用することは法律で禁止されていた。そこで、研究機関と企業が協働して最新の技術と製法によるリサイクルコンクリートの評価検証が行われ、建材として充分な機能を果せることが証明された。これを受けてアムステルダム市は、建材として使用するコンクリートのうち30％までであればリサイクルコンクリートを使用できるよう従来の規制改革に踏み切った。この決定を受けて、サークルではリサイクルコンクリートを30％使用した建築が可能となったのだ。

将来取り壊すことが考えられた建築設計

サークルの建設に際しては、サーキュラーエコノミーの本質である「廃材を出さずに、資源として使い続ける」ことが徹底的に追求された。その代表的な取り組みが、竣工前から取り壊しのことが想定された設計だ。

具体的にはまず、解体後に資材として活用しやすい木造建築が軸に据えられ、コンクリートの使用は必要最低限に抑えられている。そして、木製支柱の固定には接着剤が一切使用されておらず、代わりに金属製の留め具が採用されている。これにより、取り壊し時に90％の建材は分解し回収できるという、再利用が可能な設計が実現された。接着剤を一切使用せずネジで留めることで分解・修理しやすい設計は、規模の違うフェアフォン（134頁）でも採用されている。

また建築分野での廃棄物を削減するため、オランダではサークルのようにコンクリートに代わり木材を積極的に使用する試みが進められている。建築廃材から得られたリサイクルコンクリートの場合、主な用途にはアスファルトの舗装があるが、コンクリートが元々持っていた価値が著しく落ち、低価格でしか取引されないといういわゆる「ダウン・サイクル」の問題が生じてしまう。これに対して、金具で固定され形を変えることなく取り外し可能な木材であれば、解体時にも価値を落とさずに、別の建造物や家具に良質な材として再利用できるという利点がある。

サークルの建材には、地域で使用されなくなった資材や、欧州圏内で持続可能な伐採をする森林から採取され「FSC認証」を取得した木材が使用されている。また一般的に、建材としての木材は設計に応じて必要な太さだけが削り出され、残りは廃材にされてしまうが、サークルでは木の生育状態に応じて可能な限り太く切り出されている。これにより、サークルの建材として使用された後、固定金具を打ち込んでいた表面部分を削り落としても、残りの太さで再び支柱として活用できる。

このように、資源が本来持っている価値をいかに落とさず活用し続けられるかという視点は、サーキュラーエコノミーを進める中あらゆる分野で非常に重視されている。特に建築分野においては、柔軟に取り外せることで資源の価値を落とさず、また建物の用途変更をしやすい設計・プランニングが導入され始めており、そうした建築物は「Buildings as Material Banks（BAMB：資源銀行としての建造物）」と呼ばれている。例えば、サークル内に設置されているエレベーターは、購入の代わりに使用回数に応じて課金されるリース式だ。サークルにとっては、購入よりもリースで使用回数に応じて支払う方が大きな初期投資を抑えられる。またリースサービスを提供する企業は、エレベーターに内蔵されているカウンターで使用回数を知ることができ、回数に応じて定期検査や消耗品の交換ができる。さらに、契約終了後にはエレベーターがリース元の企業へ返却されるため、建設時から取り外し可能な構造で設置されており、廃棄が出にくい仕組みだ。「建築＝資材銀行」と見立てるBAMBという考え方は、建材や設備の価値を落とさず活用し続けるためコンクリートより木造建築に適している。そのためオランダでは都市部の人口増加に対し、高層の木造建築の建設が進められている。

「つくる段階から解体を考え、分解できる設計を導入する」という昨今の潮流を受けて、サーキュラーエコノミーの分野で活躍する人々の間では「欧州では今後、解体時に一定量の建材が資源として回収・再活用できる設計が求められる等、新築の建物についての法的基準が定められる」という見通しも立てられている。

純度の高い素材の活用とブロックチェーンによる情報伝達

サーキュラーエコノミーでは、混合材よりも単一素材で純度が高い資材の方が再利用の用途が広がり価値は高くなる傾向がある。例えば、サークルの建材の一部にはリサイクルされたアルミニウムが使用されているが、これは純度の高いアルミニウムを元の素材から回収できたからである。仮に元の素材にアルミニウム以外が混合されていた場合には、強度や重量が変化してしまい建材としては使用できなかった可能性もある。このように、可能な限り純度の高い素材の採用が、再活用の汎用性を広げることが分かる。

またもう一つ重要な点が、素材の情報を記録し、解体の担い手や次の利用者、さらに次世代にも伝えることだ。オランダでは、資材の再活用の可能性を広げるために、ブロックチェーンで詳細情報を保護し、それぞれの建材にQRコードを印字して誰でも情報にアクセスできるという仕組みづくりが進められている。可能な限り純度の高い素材を使用しその詳細情報を記録・伝達することは、後述する「エクセス・マテリアルス・エクスチェンジ」（180頁）のように、ある企業の廃棄物が別の企業にとっての資源として取引され、新しいビジネスに繋げられるという面でも重要視されている。

再生可能エネルギーの積極的導入

ABN AMROは、本社オフィスと全支店で再生可能エネルギーへの転換と温室効果ガスの削減を進め、２０３０年までに２０１９年比で65％の温室効果ガス削減を目指している。サークルは再生可能エネルギーの自家発電にも積極的に取り組んでおり、施設の外壁を取り巻くように「ファサード・ソーラーパネル」というタイプのソーラーパネルが設置されている。「ファサード（façade）」とは、フランス語で主に「建物正面（側面）」を表す言葉である。従来のソーラーパネルが屋上に設置される形式であるのに対して、「ファサード・ソーラーパネル」は建物側面に設置されることからこのように呼称されている。こうしたファサード・ソーラーパネルの効果もあり、サークルは２０２０年の間自家発電のみで消費電力を賄った。日照中はパネルでの発電分を、日照の少ない時間帯は隣接するABN AMRO本社の風力発電を活用しており、このように天候に応じながら再生可能エネルギーでの複数の発電方法を組み合わせる手法が欧州では進められている。

近年ファサード・ソーラーパネルが注目されている理由は二つある。一つは設置場所。屋上はソーラーパネルの設置や緑化等で活用が進んでいるのに対し、側面部は未だに活用されていない建物が多く、ファサード・ソーラーパネルの取り付け余地がある。二つ目には太陽光発電の技術革新がある。太陽光発電の発電効率はこの10年で飛躍的に向上しており、屋上ほど日照時間が確保できない場所でも充分に電力供給に寄与できるようになってきているのだ。サークルでは、ハーグのExasun社のソーラーパネルが採用された。輸送費とカーボンフットプリントを抑えられ、耐久性が50年あることも決め手だったそうだ。このようなファサードソーラーパネルは、色や形状等の見た目が多様化しており、年々設置のハードルが下がっていることも見逃せない。例えば、太陽光を遮ることなく窓ガラスに貼れる透明なシール状のものや、サークルで採用されているような黒い外壁タイルと一体化し目立たないもの、３Ｄプリンターで製造できるものも登場している。

銀行も推進する「ビジネスの透明化」

欧州企業の間でビジネスの透明化が進められている中、銀行でも融資・投資先情報を徐々に公開していく動きが見られている。欧州では、軍事・原子力産業へ融資・投資を行わず社会・環境へポジティヴな活動を行うプロジェクトを積極的に支援し、全ての取引先の公開を行う等の特徴がある銀行を「エシカルバンク」と呼ぶ。代表的な銀行には「トリオドス銀行（Triodos Bank）」「ジー・エル・エス銀行（GLS Bank）」「ウンヴェルト銀行（Umwelt Bank）」「エシック銀行（Ethik Bank）」が挙げられる。「トリオドス銀行」がオランダの銀行で、残りの3つはドイツの銀行だ。

こうしたエシカルバンクよりも規模の大きいABN AMROは、まだ全ての融資・投資先の公表までは行っていないが、可能な面から銀行ビジネスの透明化を進めている。一例としては、前述した軍事産業への融資・投資を辞める「ダイベストメント」が挙げられる。また、一般公開されているレポートの中では、遺伝子組み換えや動物実験等を行う企業に対する融資・投資について自社の見解を記している。[*4] 例えば、今後の人口増加に対し必要となる可能性もある遺伝子組み換えについては、厳格に判断するものの現時点では完全に融資・投資の対象から除外しない見解であり、また動物実験に関しても、医学分野でどうしても必要とされる場合のみ除外しない姿勢を示している。正しい答えが立場によって異なり線引きの難しい領域だが、自社の判断基準やその理由を公表することが利用者の信頼獲得に繋がっており、見解を示さない銀行よりも評価される傾向にある。

ちなみに、ABN AMROがビジネスの透明化を進める姿勢は、サークルのデザインにも表わされている。例えば、サークルの会議室は開放的なガラス窓で覆われているため、室内で行われている会議やプレゼンテーションの様子を通路から見ることができるのだ。自分たちの話し合いは隠す必要がないというビジネスの透明さを、さりげない空間設計で表現している。また、通常は覆い隠される天井の空調配線も剥き出しで設置され、電装室内部も外窓から透けて見える等、透明化というコンセプトを一貫してセンス良くデザインすることが徹底されている。

「活躍の意欲ある人材」と「人手不足の業界」のマッチング

サークルの地下一階に下りると、淹れたてのコーヒーが香ってくる。ここは「手話カフェ（Sign Language Coffee）」と呼ばれ、バリスタを務めるのは聴覚障がいを持ちコーヒー好きな方々である。スタンドにはタッチパネル式のディスプレイが設置されており、利用者が注文したい飲み物をタッチするとその飲み物を表す手話の映像が流れ、その場で手話を学んで注文できる仕組みだ。また「美味しいよ！」「ありがとう！」といった手話も学ぶことができ、コーヒーを介して口頭によらないコミュ

＊4　ABN AMRO "Sustainable investments within Portfolio Management" https://www.abnamro.nl/en/personal/investments/types-of-investing/portfolio-management/sustainabilityguidelines.html（最終閲覧 2021/5/28）

ニケーションを楽しめる。いつも手話カフェの周囲では、サークルの会議室に訪れた様々なビジネスパーソンとバリスタの手話を通じたやり取りがあり、和やかな雰囲気が漂う。

サーキュラーエコノミーが推進される文脈では「3つのP」のうち、「Planet（地球環境）」と「Profit（経済的利益）」が注目されがちだが、欧州では「People（人々の幸福度）」の視点＝「関わる人々が本当に幸せか」も非常に重視されている。手話カフェのように、意欲があるけれど活躍の場が見つからない人材と人手不足の業界をマッチングするという、多様な人材が生き生きと活躍できる社会環境の整備もその一環である。本来即戦力にもなり得る人材が、活躍の場を得られないことは非常にもったいないと捉え、合計特殊出生率ベースでは人口減少にある欧州各国では、年々重要度が増している。

アメリカの事例ではあるが、フロリダ州にある「Rising Tide Car Wash」という洗車場では、40名以上の従業員のうちおよそ80％を自閉症のある方が占めており、「他の人では代わりが務まらない」とまで重宝されている。ここでは自閉症の方が得意とする「物事を順序よく行うこと」と「細部に気を配ること」が最大限発揮される労働環境がつくられており、2018年には利用者から100％ポジティヴな評価が寄せられた。このことはアメリカのスタートアップ界隈でも話題になり、共同創業者のトーマス・デリ（Thomas D'Eri）氏はForbesにより30歳以下の優れた社会起業家に選出される等注目を集め、自閉症の方を雇用し能力を発揮してもらうためのコーチングプログラムを他の企業向けに提供している。アメリカでは、自閉症成人のうち約90％が非雇用であると報告されており[*5]、同様に日本でも自閉症の方が働いている場面を見かけることはほとんどない。Rising Tide Car Washやサークルの手話カフェから学べることは、誰にでも特徴や能力が際立って活かされる職種や社会での生き方があり、そのための環境整備が実行可能であるということだ。

＊5　NationSwell "Meet the Gutsy Dad That Started a Car Wash to Help His Son Find Purpose" youtu.be/VULKzVZCso0?t=125（最終閲覧 2021/5/28）

この取り組みは、日本でも重要な着眼点になる。現在日本は15〜39歳のうち54万人が引きこもりの状況にあるが、[*6]彼ら・彼女らに対する基本的な支援策は、既存の社会のレールや枠組みにいかにして戻すかが目指されている。しかし、今後人口減少が進む日本では、彼ら・彼女らを含む多様な人材がこれまでの枠組みに捉われずとも能力を発揮し活躍できる社会環境の整備や職場とのマッチングが急務になるだろう。サーキュラーエコノミーへの転換にあたっては、これまでの社会の枠組みでは活躍の場が得られなかった人材を活かすことも非常に重要な観点になるのだ。

最優先事項は「リデュース」

これまでに取り上げたように、サーキュラーエコノミーへのアプローチ方法は「リデュース>リユース>リサイクル」の順で優先順位をつけ、最も費用対効果の高いものから選択することが重視されている。サークルも「リデュース」を最優先に、必要のない資源は徹底的に使用しないことを第一に考えている。通常の建物ではケーブルを隠すために天井にはボードが貼られるが、サークルではリデュースの観点から「ケーブルを綺麗に束ねて配置すれば整った外観になるため、天井ボードは不要」と判断し、天井ボードは貼られていない。これは屋内が広く感じられる空間演出にも繋がっている。

また、こうした取り組みはユーモラスなデザインに落とし込まれ表現されている。施設名である「CIRCL」は、英単語の「Circle」と同じ読み方であるが、英単語の「Circle」は「e」がなくとも同じ発音ができる。「CIRCL」という名前には、必ずしも必要でない「e」を省き「CIRCL」とすることで、不要な資源を徹底して使用しない姿勢を暗に表しているという遊び心がある。

＊6　安田祐輔『暗闇でも走る　発達障害・うつ・ひきこもりだった僕が不登校・中退者の進学塾をつくった理由』（講談社、2018）

— Column —

世界初のサーキュラー・ミュージックフェスティバル

DGTL

「DGTL《デジタル》」は、毎年アムステルダム市で開催され4万人ほどが参加するミュージックフェスティバルである。一般的なフェスとは異なり、イベントの廃棄物をなくす「Zero《ゼロ》 Waste《ウェイスト》」、気候変動への影響をゼロに抑える「Climate《クライメット》 Neutral《ニュートラル》」を目指す。現在ではサンティアゴ、サンパウロ、バルセロナ、マドリッド等各国の都市で開催されるほど広がりを見せている。

DGTLでもマテリアル・フローアナリシスが実践され、ステージやフードコート等排出物の多い場所、それらの扱い（リユースやリサイクル、または廃棄処分されたのか）が一目瞭然で分かるようになっている。毎年閉会後に分析され、翌年の効果的な取り組みに繋げている。2017年の閉会後には建築廃材が課題になり、翌年の開催時はステージ等の建造物に「分解・解体できる設計」が義務化され、廃材量を前年比の約85%も抑えることに成功した。またこの年の来場者が2日間で出したごみの量は平均369gで、一般的なイベント（約2.3kg）に比べはるかに少なかった。

さらに、本来フードコートでは様々な国の料理が提供されるが、欧州で調達できない食材を控えることで環境負荷や調達コストを抑え、廃棄食品レストランInstock等と共同し廃棄される食材からメニューを考えている。また「トイレの排出物のうち90%が洗浄水」という事実を踏まえ水が不要かつ排泄物を堆肥化できるコンポストトイレを導入したり、アーティスト等関係者の宿には「オランダで最もサステイナブルなホテル」と評価されるHotel《ホテル》 Jakarta《ジャカルタ》を用意する。当日フェスのスタッフが着用するユニフォームは、処分予定だった衣類から製造されたものだ。さらにドリンクは頑丈なリターンカップで提供され、捨てずに返却すれば一部がキャッシュバックされる。

当日、これらの取り組みを行えば「Eco《エコ》 Coin《コイン》」という電子通貨がもらえる。この通貨で関連音楽のダウンロード、食事・ドリンクや物品購入の割引、限定スペースへの立ち入り等の特典が受けられるのだ。

なお、DGTLは他のイベントでもゼロウェイストを実践できるように自分たちの実践をチェックリストにまとめ、オンラインで誰でもダウンロードできるように公開している*。「自宅にいるより、DGTLに来て皆で楽しんだ方がサステナブル」を謳うフェスティバル。このような包括的で真摯な取り組みをみると、たしかにDGTLに行った方がサステナブルな時間になるかもしれない。

＊ METABOLIC "HANDBOOK FOR A WASTE-FREE FESTIVAL" https://www.metabolic.nl/publications/handbook-for-a-waste-free-festival/（最終閲覧 2021/5/28）

マッド・ジーンズ（MUD Jeans）

サーキュラー型プロダクトデザイン

「マッド・ジーンズ（MUD Jeans）」は世界初の「サーキュラーエコノミー・ジーンズ」のプロダクトデザインとビジネスモデルの設計に成功し、現在この分野において世界で最も注目を集めている企業の一つだ。

1章で見てきたように、サーキュラーエコノミーへ移行を進める際のビジネスモデルにも様々な優先順位がある。マッド・ジーンズはサーキュラーエコノミーの本質を突き、ビジネスモデル構築の段階から資源の廃棄が出ない仕組みをつくりあげた企業として国際的に大きな評価を集めている。

インタビュー当日、彼らとのランチに誘われ、アムステルダム中心部から電車とバスを乗り継ぎ、南東に向かうことおよそ1時間。マッド・ジーンズのオフィスは郊外のラレン（Laren）地区にある。最寄りのバス停から歩いてオフィスに向かう途中、冬の冷たい雨上がりの正午に、様々な鳥のさえずりが聞こえる。アムステルダム中心部ではなかなか見られないような高い木々から柔らかい木漏れ日が差していた。

木々の枝でつくられたアーチに迎えられながら一本道を歩いていると、背後から「アキ！」と集団

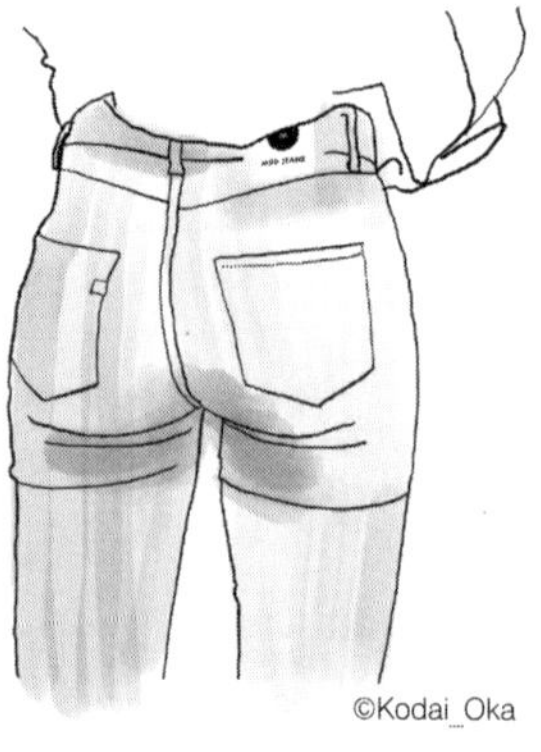

©Kodai_Oka

の呼び声が聞こえた。「MUD Jeans」と書かれたランニングウェアに袖を通している面々。その光景からチームの一体感が伝わってくる。彼らはいつでも笑みが絶えず、清々しさがある。午前中の業務が終わり、昼食前に皆でランニングをしていたようだ。軽く汗を流した後気持ちよく迎えてくれる姿を見て、彼らがわざわざ郊外のこの場所にオフィスを構えた理由がなんとなく分かったような気がした。

マッド・ジーンズのオフィスは、かつて軍隊が居住・演習に使用していた敷地一体に構えられている。軍の所有物であった地区が後に一時難民居住区となり、現在では当時の建物がマッド・ジーンズのようなスタートアップが入居するオフィスにリノベーションされた。この建物を管轄する企業がサステナビリティの推進をコンセプトに掲げているため、入居企業も何らかの社会課題の改善にビジネスで取り組んでいるのが特徴的だ。オフィス家具や内装には基本的に廃材が活用されているが、廃材と感じさせない惹きつけるデザイン、クリエイティヴィティを感じる活かし方、遊び心あるレイアウト等から、オランダ人らしいセンスを感じる。

リニアエコノミー型ジーンズの限界

マッド・ジーンズはバード・ファン・ソン（Bert van Son）氏が２０１２年に創業したスタートアップである。彼は、当時ファッション業界が直面していたコットン価格の急激な高騰を受け、「常に新しい資源の調達に頼る従来型モデルでは、ビジネス面でも地球環境面でも先がない」と見込み、ビジネスモデルを根本的に見直し始めた。

彼らの調査では、多くのジーンズは購入から一年後には処分されていることが判明した。主な理由には、価格競争によってジーンズ本来の特徴であった耐久性が落ち穴が空きやすいことや、毎年新しいモデルがリリースされファッションの流行り廃りが早いということが挙げられていた。

「購入されても1年しか穿かれないなら、そもそも購入して『所有』する必要はないのでは…？」

彼はこのように考え、当時のアムステルダムで様々な商品が「購入する」から「借りる」文化へと切り替わっていた状況を参考に、当時世界でも前例のなかった月額制で借りることのできるジーンズに新しい可能性を見出した。

リース型ジーンズの仕組み

マッド・ジーンズの経営理念には、「世の中からジーンズが捨てられる慣習をなくすこと」が掲げられている。そのためビジネスモデルに次のような工夫を取り入れることによって、利用者に渡ったジーンズは実質的に全て企業へ返却される仕組みが築かれている。ジーンズのリースにあたっては、2021年5月時点では初期費用はなく、初年は月9・95ユーロ、二年目以降は月8・95ユーロ（修理サービス費込み）でリースされる。そして、利用者はこのジーンズが破れたり穿かなくなったりした際に返却すると、繊維化され再び新しいジーンズの製造に活用されるのだ。また一年間のリース終了後には、次の二つのオプションから今後の使い方を選ぶことができる。

- **新しいジーンズと交換し、リースを続ける**
- **古いジーンズを引き取り、自分のものにする**

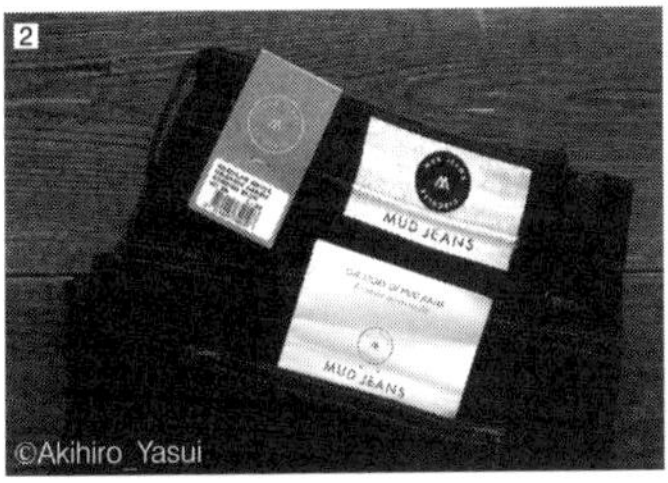

1. 森の中に位置する居心地の良いオフィス
2. 革からペイントに変わった背面のラベル
3. 試行錯誤で開発された歴代シリーズ
4. オフィス外観。軍用地エリアが生まれ変わった
5. オフィスに通ずる木々のアーチ

これまでの統計によると、利用者の80％は前者のリースの継続を選択しているそうだ。廃棄される代わりに再資源化したいというビジネスの特性上、マッド・ジーンズも前者を勧め、これまでに1・5万本以上がリースされた。また2021年5月現在、全体の40％に古いジーンズから回収された繊維が用いられ、残りの60％は新しく調達されたオーガニックコットンが使用されている。新しいコットンの調達量が60％で済むことにより、調達コストを大幅に削減できるだけでなく、コットン栽培に要する水や農薬の使用量、輸送による環境負荷の低減にも繋げられている。一本当たりの製造に新しく調達するコットン量を年々減少させている分、少量でも高品質な生産を行うオーガニック農家との連携も強めている。

なお顧客に返却を促すため、ジーンズの返却には10％の割引クーポンが発行される。そのため、リースだけではなく通常販売した製品も含め、これまで顧客に渡った12万本のうち4・5万本がリターンされるという、高い返却率を達成している。また、この回収プログラムは、素材の96％以上にコットンが使用されていることを条件に、他メーカーのジーンズも受け付けられている。

オランダをはじめとする欧州企業が見据える素材の潮流

COOであるディオン・ファハボーン（Dion Vijgeboom）氏に、企業がサーキュラーエコノミーを採用する利点について尋ねると、こう説明してくれた。

「このまま従来の生産・消費方法を続けていたら、地球上の資源が枯渇し製品価格が上昇する一方であることは、誰の目にも明らかさ。だから、これまでの仕組みを根本的に見直し、サーキュラーエコノミー型の全く新しいビジネスモデルがこれからは必要なんだ。『ビジネスモデルの構造改革によって廃棄される選択肢をなくし、資源を半永久的に活用し続ける』というサーキュラーなモデルは、地球環境の再生に繋がるだけでなく、ビジネスにとっても合理的だよ」。

マッド・ジーンズのようにリサイクル素材を活用するオランダ企業の多くは、私のインタビューに対して、現状リサイクル素材に掛かる費用は、新しい資源の調達とほぼ同等だと回答してくれた。それでも新しい資源よりリサイクル素材を選ぶ理由には、新しい資材の調達価格が全般的に上昇傾向にある一方で、リサイクル素材は技術発展が進み市場が拡大傾向にあり、今後も価格が下がっていくという見通しがあるからだという。この傾向を受け、欧州企業は長期的な視野で今後の世界的潮流を読み解き、リサイクル素材を使用できる自社環境を積極的に整えている。

またマッド・ジーンズは、乾燥藍を使用した「フォーム・ダイイング（Form Dyeing）」という技術を一部製品に試験的に導入し始めている。従来は徐々に藍を染色するために10～12回も染色工程を繰り返す必要があり、大量の水が使用されていた。新しい「フォーム・ダイイング」は水を使わずたった一回で染色できるという革命的な技術で、時間・コスト・環境負荷が大幅に抑えられる。主にコットンの栽培と染色による水の汚染が多いファッション業界において、マッド・ジーンズはこの先進的取り組みを他社にも公開し新しい可能性を共有することで、業界全体で環境負荷の低減を目指している。

1章46頁でも紹介したような背面の革ラベルの廃止、ファスナーからボタンへの切り替え等と同様の取り組みは既に他の欧米のジーンズメーカーにも広がっており、マッド・ジーンズはサーキュラーエコノミーを実践する先進企業として研究対象とされている。

世界初のヴィーガン・ジーンズ

マッド・ジーンズは、バタフライ・ダイアグラムの最優先事項である「リデュース」の観点からジーンズ背面の革ラベルを廃止したことにより、動物製素材を全く使用しない世界初の「ヴィーガン・ジーンズ」としても人気を集めることとなった。イギリスのヴィーガン認証機関PETA-Approved-Veganに公認を受け、世界的に拡大傾向のある菜食を取り入れる利用者層の支持も集めている。一般的に動物性素材を使用しないヴィーガン製品は、環境負荷の低減や透明性ある製品づくり、そして高い品質といった印象をもたらすが、こうした要素を重視する利用者の割合が年々増加傾向にあることも、ヴィーガン製品開発の追い風となっている。

欧州では、動物性素材を使用しないことは、「特別な少数グループへの対応」という認識から、「誰もが利用できる、バリアフリーのアプローチ」という認識に変わりつつあり、ファッションに限らず食や化粧品等各分野で導入が進んでいる。欧州市場の製品にはオーガニックやヴィーガン製品の認証マークに加え、動物実験が実施されていないことを証明する認証の記載も本格化している。

ドイツの国際調査機関statistaによると、アメリカでは2017年に植物性食品の市場規模が前年から23%成長し、20億ドルほどにも達したという。[*7] こうした潮流を読みグローバル企業も動物製品の代替品市場への参入を強化しており、例えばオランダとイギリスに拠点を置くユニリーバは菜食市場関連企業の買収を進めている。[*8]

＊7　statista "Vegan Market - Statistics and Facts" https://www.statista.com/topics/3377/vegan-market/（最終閲覧 2021/5/28）

＊8　Unilever "Unilever acquires The Vegetarian Butcher" https://www.unilever.com/news/press-releases/2018/unilever-acquires-the-vegetarian-butcher.html（最終閲覧 2021/5/28）

欧州で進められる「ビジネスの透明化」

年々欧州では、従来企業秘密とされていた資源調達先、労働環境、工場、サプライヤー、融資・投資先といった情報を可能な限り公開する「ビジネスの透明化」の重要度が増している。これは、1章の「新サーキュラーエコノミー・アクションプラン」（57頁）でも触れた「透明性ある製品情報へアクセスする権利」に基づき、欧州市場で法的整備が進められていることが背景にある。

マッド・ジーンズのCEOであるバード・ファン・ソン氏が「我々のビジネスには隠す情報がありません」と話すように、マッド・ジーンズは取引先企業や縫製・染色工場の情報、ジーンズ一枚あたりに使用されている水の量や再生可能エネルギーの割合、従業員数と縫製工場労働者の男女割合等、従来の企業では明らかにされていなかった詳細情報を公表している。[*9] このように企業が積極的にビジネスの透明化を進めることは、顧客の信頼獲得とともに、将来的なEU市場の規制に早い段階から対応できる利点がある。

具体的に、マッド・ジーンズが公開に踏み切った情報を見てみよう。返却されたジーンズは全てスペインの加工工場「Royo」で細かく裁断され一度コットン繊維に戻される。再資源化されたコットンは、提携農園からフェアトレード以上の価格で「直接取引（Direct Trade）」されたオーガニックコットンと混ぜられ、紡績された生地は先述した「乾燥藍」等を用いた技術で染色されている。そして、加工はチュニジアの工場「Yousstex International」で行われ、再び製品化される。これらの他にも、マッド・ジーンズが公開する詳細情報は彼らのHP下部の「Sustainability Report」からダウンロード・閲覧できる。多くの人が読めるようにレポートを英語で公開しビジネスの透明化に繋げる取り組みは、

＊9　MUD Jeans "Sustainability Report 2019" https://mudjeans.eu/blogs/geen-categorie/blog-sustainability-report-2019-isaved（最終閲覧 2021/5/28）

マッド・ジーンズ以外の欧州グローバル企業やスタートアップの間でも一般化しつつあり、むしろ近年では、公開のない企業の評価が相対的に低く見られる傾向さえある。

また、マッド・ジーンズのようにサーキュラーエコノミーを推進する企業では、オーガニック素材や公正な労働環境が重視される傾向がある。なぜなら、例えば農薬や化学肥料の使用、劣悪な労働環境や不当に低い賃金は、たとえ短期的に生産量を向上させたとしても長期的には土壌の劣化や作業者離れに繋がるリスクがあるため、「3つのP」が重視されつつある現代では改められつつあるのだ。例えば、マッド・ジーンズは「Nordic Swan Ecolabel」というサステナビリティの認証を取得し、使用素材が人体に無害で生分解性であることを証明している。これは、EU市場で予測される有害物質の将来的な規制を回避するリスク管理とともに、利用者から返却された商品をメンテナンスしやすくし、再利用の用途や再販売の経路を広げるためだ。後に「エクセス・マテリアル・エクスチェンジ」(180頁)でも紹介するように、各企業がビジネスの透明化を進めることで、ある企業にとっては長年悩みの種であった「廃棄物」を、別の企業が「資源」として活用するという新しい協働関係も生まれるに至っている。

アメリカのベンチャー企業TINYpulseは世界300以上のグローバル企業に勤める4万人の従業員に対し、労働環境で重要視されている項目を調査した。[*10] その結果、従業員の労働環境満足度の向上に最も大きな影響を及ぼす要因は、「経営体制の透明度」であることが判明した。この報告書では、優れた人材に長期的に働いてもらうためには経営体質の透明化は必須であり、それほどコストをかけずに実行できる費用対効果の高いビジネスモデル強化方法であると指摘されている。また、アメリカの消費者動向の調査機関であるLabel Insightが公表するデータによると、消費者のうちおよそ70%が、

＊10 TINYpulse"7 Vital Trends Disrupting Today's Workplace" https://www.tinypulse.com/resources/employee-engagement-survey-2013（最終閲覧 2021/5/28）

透明性のあるビジネスには通常よりも多く支払いをしても良いと回答している。[*11] 従来企業秘密とされてきた情報のうち可能な面から公開を進める企業が増える中、公開が進められない旧態依然の企業は浮き彫りの存在となってしまい、顧客離れに繋がるリスクがあるだろう。

サーキュラーエコノミーで進む、工場と市場の近距離化

サーキュラーエコノミー導入を進める企業に見られる興味深い特徴の一つに、生産工場と市場の距離の近さが挙げられる。これは製品返却後に、多くの場合生産と同じ工場で素材に戻され再び製品化されるため、返却に伴う新しい輸送ルートが築かれたことと、工場が再加工・再生産の機能を担ったことが要因にある。例えば従来のジーンズメーカーであれば、最終的に欧州市場で販売されるとしても、生産工場は中国やインド、東南アジアが一般的だったが、返却や再生産が伴うマッド・ジーンズは生産拠点を市場である欧州に近いスペインとチュニジアに構えている。また、マッド・ジーンズのように欧州で展開されるリースや無料の返却サービスは、欧州圏内のみで採用されていることが多い。

ちなみに、マッド・ジーンズはマーケティング、イノヴェーション、セールス、カスタマーサービス等10名からなる少数精鋭チームだ。これらメンバーの強みである部門に注力するため、その他の運送やファイナンス、ＩＴ、製造等はアウトソーシングする形態を採っている。

＊11 Label Insight “Transparency Leads to Increased Brand Loyalty and Perceived Brand Worth” https://blog.labelinsight.com/transparency-leads-to-increased-brand-loyalty-and-perceived-brand-worth
（最終閲覧 2021/5/28）

マッド・ジーンズの今後

現在大学機関と連携し、「Road to 100%」というプロジェクトが始動されている。これは新しい原材料の調達に頼らず、廃棄される衣類から回収されたリサイクルコットンのみでジーンズを製造する試みだ。従来は、使用済み衣類から得られるリサイクルコットンは耐久面が劣るため新しいコットンが必須とされていたが、彼らの共同研究では、機械で物理的に繊維化された「メカニカル・リサイクルコットン（Mechanical Recycled Cotton）」と無害の薬品につけペースト状に加工された「ケミカル・リサイクルコットン（Chemical Recycled Cotton）」の配合比率を整えることで、数年以内にリサイクルコットン１００％ジーンズの実用化の目処が立っているという。

このようにアムステルダムでは企業と大学等研究機関の協働も頻繁に行われている。企業は耐久試験装置等の大学設備で検証ができ、大学機関は企業の生の声を聞きながら現場に寄り添った研究が可能になるという、双方への利点がある。

今後マッド・ジーンズは社会での存在感を強め、これらの自社の取り組みを影響力のある企業により多く採用されることを望んでいる。その一環として２０２１年からは「イケア（IKEA）」と提携し、材料の40%が使用済みジーンズから製造されたソファカバーを展開し始めた。イケアはサーキュラーエコノミー事業としてすでに一部の国で家具のリースを開始しており、マッド・ジーンズにはジーンズのリースにおいても将来的にイケアと共創したい狙いがある。小国オランダから誕生したマッドジーンズの先進的なモデルメイキングは、世界的な影響力を着実に持ち始めている。

— *Column* —

サーキュラーエコノミーと生活

洗濯はクリで？

「ヨーロッパでサステナブルな生活を送る人たちはどんな暮らしをしているんだろう？」。

欧州在住時にこんな素朴な疑問を持った僕は、それからしばらく、ドイツ、オランダ、スウェーデン等でサステナブルに生活するミレニアル世代を訪ね回った。買い物等日常生活に付き添わせてもらうと、様々な共通点が見えてきたが、その一つが「ヨーロッパグリ」と呼ばれる栗で洗濯していたことだ。

欧州で秋が深まると、公園や街路の栗の木が実を落とし始める。彼らはその時期に栗を集め、割った栗をネットに入れて洗濯する。栗に含まれるサポニンという成分に洗浄効果があるようで、洗剤や柔軟剤は必要ない。栗は2回洗濯に使い、コンポストで堆肥化できる。

半信半疑ながら醤油を垂らした白い布切れを洗濯してみたところ、汚れは綺麗さっぱり落ちた。ほかの汚れで試しても、充分に落ちた。想像以上の効果だった。仕上がりは無臭に近い中性的な自然の香り。白い服だと少々黄色みがかると気にする友人もいたが、それ以降も僕は洗濯に栗を使い、汚れも匂いも気になったことがない。お金もかからないし、元々洗剤独特のにおいが苦手な僕にはうってつけだった。なおマイクロプラスチックの流出を防ぐために、化学繊維のものやプリントがある衣類はパタゴニアの「グッピーフレンド・ウォッシング・バック」に入れて洗っている。

ちなみにヨーロッパで栗を探すときには「Mundraub《ムンドラオブ》」というアプリを使う。ベルリンのスタートアップが開発した地図アプリで、誰でも収穫できる木の実や果実の場所を示してくれる。秋にこのアプリを片手に街を一周すると、栗の他にもりんご、クルミ、ハーゼルナッツ等をバケツいっぱいに集められる。

ただ日本では、洗濯用に使える栗が手に入りにくいので、僕は同じく洗浄効果のある「ムクロジの実」を使っている。ネットでも「洗濯の実」や「ウォッシュナッツ」として売られているものだ。栗とムクロジの実で食器用洗剤や石鹸の自作もでき、英語だがYouTubeにはつくり方の映像があがっているので、家族みんなでつくってみるのも楽しいかもしれない。

スホーンスヒップ（Schoonschip）

フローティング・コミュニティという海面上昇対策

東京、上海、ニューヨーク、ロンドン、そしてアムステルダム。世界有数の大都市の多くは、貿易の利便性ゆえに沿岸部に築かれ、その居住者は２０５０年までに14億人に達すると見込まれている。[*12] 沿岸地域は地球全体の地表のうちわずか２％ほどにもかかわらず、世界人口の10％が居住し、今後も増加が進むものと予測されている。[*13] 一方、気候変動の影響により水害の規模と頻度は年々増加傾向にあり、気候変動対策へ取り組む都市のネットワーク「Ｃ40」によると、２０５０年までに海面は50cm上昇し５７０の沿岸都市と8億人が影響を受けると見られており、各国は海面上昇への対応に迫られている。こうした状況下で、欧州委員会から期待を集める取り組みに、アムステルダムで進められている「スホーンスヒップ（Schoonschip）」という実験プロジェクトがある。

スホーンスヒップは、アムステルダム・ノード地区の河川に浮かぶ連結された46の家々のコミュニティである。２０２１年5月現在１５０名

©Kodai_Oka

＊12 C40“Staying Afloat:The urban response to sea level rise” https://www.c40.org/other/the-future-we-don-t-want-staying-afloat-the-urban-response-to-sea-level-rise（最終閲覧 2021/5/28）

＊13 PLOS ONE “Future Coastal Population Growth and Exposure to Sea-Level Rise and Coastal Flooding - A Global Assessment” https://journals.plos.org/plosone/article?id=10.1371/journal.pone.0118571#pone-0118571-t004（最終閲覧 2021/5/28）

以上が居住しており、地元民にはその名の通り「フローティング・コミュニティ／ハウス」と呼ばれ親しまれている。家の周りはすぐに水辺であるため、夏には家から直接河川に飛び込んだり、ボートで出かけたりする住人の姿が見られる。ちなみに後述する「デ・クーベル」（147頁）からはわずか50ｍほどのところに位置し、デ・クーベルでの実験的な取り組みはスホーンスヒップでも活かされている。

スホーンスヒップの狙いは、水上に浮かせることで今後海面上昇に対してもコミュニティの機能を崩壊させないことであり、「ＥＵ圏内で最もサステナブルなコミュニティ形成」をミッションに掲げ、様々な実験的取り組みを進めている。住民の間では頻繁に話し合いが行われ、サステナビリティをさらに追求したコミュニティづくりについて議論が深められているのも特徴的だ。後述するように、ここで進められている多様なアプローチは、海面上昇対策だけでなく、サーキュラーエコノミー推進やこれからの持続可能なコミュニティ形成の先進モデルとしても期待され、アムステルダム市の他にも、オランダ政府と欧州委員会から補助金等の支援を受けている。

スホーンスヒップは、２００８年に当時テレビ局の番組プロデューサーであったマーヤン・デブロック（Marjan de Blok）氏によって発案された。当時アムステルダムで、サステナビリティをコンセプトに河川の上に建てられた一件の家のプロジェクト「geWoonboot」が注目されていたことを背景に、彼女は「複数の家々を連結させ一つのコミュニティにできないか」と考え、現在のスホーンスヒップに至る原案を思いついた。翌年にはプロジェクトに共感する有志の仲間で資金を出し合い、アムステルダム市と交渉し建設地区を確定させ、２０１１年から本格的な建築計画が進められた後、２０２０年にオープンした。ちなみに以前Amsterdm Smart Cityのコーネリア・ディンカ（Cornelis Dinca）氏にインタビューした際には、オランダは、国土のおよそ90％が国有地であり、基本的に民間事業者は国から土地を借りるため、国全体でサーキュラーエコノミーが推進されることに対して、民間事業者が阻むことは難しいとのことだった。スホーンスヒップも河川のエリアを行政から借りている。

スホーンスヒップの建築基準

スホーンスヒップでは、河川に浮くコンクリートの基礎を各個人が購入し、その上に建築事務所と一緒に設計したそれぞれの個性的な住宅が建てられた。ただし、コミュニティ運営のための建築基準として、屋根面積の3分の1以上の緑化や、ソーラーパネルの設置が求められ、住宅はスホーンスヒップが運営するスマートグリッドに繋がれている。発電した電力は他の家に分けることも可能で、例えば、長期間留守にするときには、自宅で発電されたソーラーエネルギーを他の家々で使ってもらえる。余剰分は屋内に設置されたバッテリーで蓄電されているため、発電した分がロスになることはない。コミュニティ全体で500枚ほどのソーラーパネルが設置されており、将来的には共用の電気自動車と電動バイクも導入される予定だ。また火はＩＨ形式で住宅にガスは引かれておらず、飲料水以外のシャワーの水等は濾過・循環されて使用し続けられている。またいくつかの家では貯められた雨水がトイレの排水に活用され、基礎部分のコンクリートは水に接していても吸水や劣化が起こらない最新の素材が用いられている。さらに、これらのコンクリート基礎の中には「ヒートエクスチェンジ・システム」という河川の水の熱エネルギーを室内で活用できる設備が内蔵されている。これは冷蔵庫のラジエーター機能を応用したもので、一年を通じ5～7℃で安定している河川の底の水温を吸収し、基礎を通じて室内温度と交換できる仕組みである。冬場は氷点下になり河川が凍結するアムステルダ

1. パブリックに使われるデッキ部分も、ベンチや植栽等が置かれ豊かにカスタマイズされている
2. 左手の船と同じように家々が浮いている
3. 家同士を繋ぐ橋から分離させ、丸ごと船で移動させることもできる

ムでは、5～7℃の熱源で基礎と建物全体の冷え込みを抑えることができるのだ。このようにスホーンスヒップでは、最新のテクノロジーを駆使しつつ周辺環境から得られる自然エネルギーを徹底的に活用する設計が導入されている。

スホーンスヒップの今後

オランダ・ロッテルダムには、「フローティング・ファーム（floating farm）」と呼ばれる水面に浮いた農場が既に建設され、野菜の栽培や家畜の飼育が行われている。同様にスホーンスヒップでも、将来的に住民たちで野菜栽培ができるように、フローティング・ファームの建設を進めていくという。コミュニティに農場を隣接させることによって食料輸送をゼロにできるため経費と環境負荷の双方の削減ができ、同時に子どもたちの環境教育の場としても機能する。現在は住宅だけが立ち並んでいるが、ゆくゆくはコミュニティスペースを設置し、映画鑑賞やヨガ等の多様なイベントを開催することで、地域住民が交流しやすい環境を整える計画もある。前述のような家づくりの決まりごとがある一方で、住民一人ひとりの創造的な意見を反映させる余地を残し、スホーンスヒップに関わる全員でこれまでにないコミュニティをつくりあげていくことが大切にされている。

なお積極的に支援している欧州委員会やオランダ政府としても、最新鋭のテクノロジーやイノヴェーションを実践してもらうことでスホーンスヒップをサステナブル・コミュニティの先進モデルに位置づけ、海面上昇やその他の課題に有効な取り組みを他のEU加盟国や地域へ広めていきたいという思惑がある。

— Column —

自然の力を最大限活用する

パッシブデザインの建築

デンマーク・コペンハーゲン在住の環境設備エンジニア、蒔田智則さん。空気、光、温度等自然の力を最大限活用し建物のエネルギー効率を考える「パッシブデザイン」を専門にされている。彼は自分の仕事を「建物内部の空気をデザインすることで、人を幸せにするエンジニア」と位置づける。

一般的な建築設計では、冷暖房や空調、照明器具等の機器による室内の制御が初めに考えられるが、パッシブデザインではまずその土地で活用できる自然の力の最大化が考えられ、どうしても必要な箇所にだけ人工物をミニマムに使用する。冷暖房や照明器具の導入が少ない分、初期費用やランニングコストが大幅に抑えられるのだ。そして、新鮮な空気や光を取り入れることで利用者は快適な屋内空間で過ごすことができ、不要な機器導入の抑制は環境負荷を減らすという、「3つのP」の追求が可能である。

例えば、蒔田さんが関わる三重県いなべ市のプロジェクトでは、まずその土地における一年間の太陽光の入射角が計算され、どの季節でも室内に太陽光を取り入れられるよう設計された。さらに、床面と高い天井部分の高低差を利用し天窓から自然換気を促す空気の流れを生み出すことで、余計な換気扇のいらない構造となった。結果、空調のモーター音がしないため室内にいても鳥の鳴き声や川の水の音が楽しめる。また、建材にはいなべ市の杉材が使われ、樹皮は屋根材に、葉はエッセンシャルオイルに活用されている。

蒔田さんと話す中で、断熱構造やパッシブデザイン等、エネルギー効率の良さを重視した建築設計が日本であまり導入されてこなかった理由として、多くの人がそのような建物での生活経験がないからではないか、という話になった。つまり、それらに投資することの価値が分かりづらいのだ。たしかに僕自身、断熱構造の優れた建物の住み心地の良さと価値に初めて気がついたのは、ドイツに移住してからだった。そのため日本でエネルギー効率の優れた建築を普及させるには、まずは実際に一定期間住んでもらい、その価値を実感してもらう体験づくりが鍵になると感じている。

フェアフォン（Fairphone）

ユーザーが修理できるエシカルスマートフォン

スマートフォンの市場が短期間で拡大するとともに、その製造に必要な金、銅、タングステン、コバルトといったレアメタルや鉱物の需要もこの10年間で著しく伸びた。しかし、希少性が高く本来調達が困難な鉱物が、年間15億台も製造されるスマートフォンの供給を支えるには、どのような構造が働いているのだろうか。そこには「紛争鉱物（Conflict Mineral）」と呼ばれる、ある地域での紛争の原因となっている希少資源の使用が公に指摘され、[*14] 多くの場合政治的に不安定で、天然資源産出量の豊富なアフリカの低所得国（コンゴ民主共和国等）で発生している。国際機関Amnesty Internationalの調査報告によると、いわゆる「格安スマホ」をはじめスマートフォンを製造・販売するグローバル企業はほとんど例外なくこうした問題を認識しな

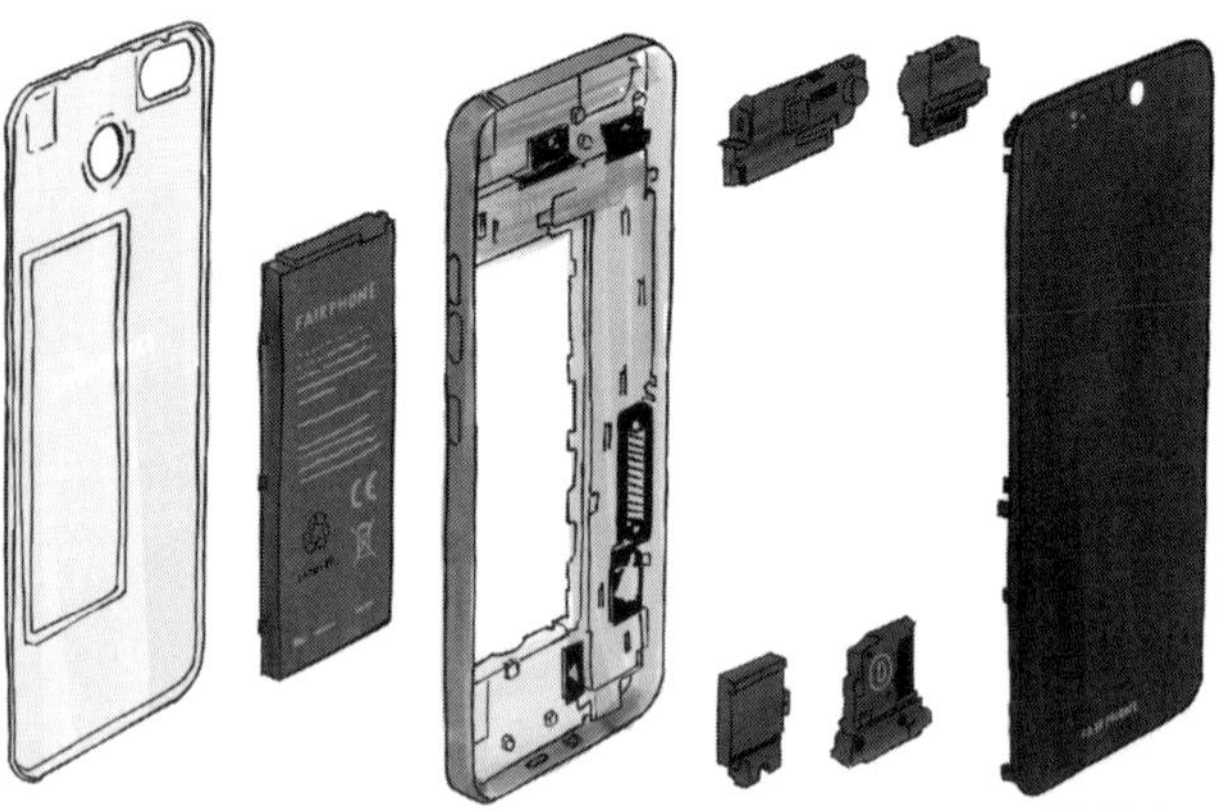

©Kodai_Oka

＊14　European Parliament "Conflict minerals: the bloody truth behind your smartphone"　https://www.europarl.europa.eu/news/en/headlines/world/20170314STO66681/conflict-minerals-the-bloody-truth-behind-your-smartphone（最終閲覧 2021/5/28）

がらも、紛争鉱物を使用し黙認し続けている。[*15]

また国際調査機関Transparency Internationalは、コンゴ民主共和国に蔓延する暴力や政情不安定さは経済的要因や不透明さに一因があると指摘しており、[*16]こうした状況改善にサーキュラーエコノミーが期待される背景がうかがえる。こうした権力者によって鉱物の採掘が決定された地域では、住民が立ち退きや強制労働を命じられたり、グループ同士の紛争勃発に繋がったりする紛争鉱物の問題が発生している。なかでも、金（Gold）、スズ（Tin）、タンタル（Tantalum）、タングステン（Tungsten）は「４大紛争鉱物」と呼ばれ、それぞれの頭文字を取って「3TGs」とも表される。こうしたレアメタルは実はスマートフォンの他にも、コンピューターやＤＶＤプレイヤー、ゲーム機等、私たちが日常的に使用している電化製品に広く使用されているのだ。

こうした状況の中、「フェアフォン（Fairphone）」は２０１２年にオランダのスタートアップによって開発された。当初より「世界一エシカルなスマートフォン」として様々な観点から欧州での注目を集め、発売時に用意された２・５万台はすぐさま完売し、翌年に追加製造した３・５万台も即座に売り切れるほどの人気を集めた。２０１３年に発売された「フェアフォン２」は長期に渡って常に予約待ち状態になるほどの人気を誇り、その後２０１９年には「フェアフォン３」が発売された。２０１９年末まではシリーズ累計で22万台以上を売り上げているという。

フェアフォンは、アムステルダムのエンジニア兼デザイナーのバス・ヴァンアベル（Bas van Abel）氏を中心とした少人数チームによって開発された。紛争鉱物の問題に胸を痛めてい

＊15 Amnesty International "THIS IS WHAT WE DIE FOR: HUMAN RIGHTS ABUSES IN THE DEMOCRATIC REPUBLIC OF THE CONGO POWER THE GLOBAL TRADE IN COBALT" https://www.amnestyusa.org/reports/this-is-what-we-die-for-human-rights-abuses-in-the-democratic-republic-of-the-congo-power-the-global-trade-in-cobalt/（最終閲覧 2021/5/28）

＊16 Transparency International "ANTI-CORRUPTION HELPDESK" https://www.transparency.org/files/content/corruptionqas/Country_Profile_DRC_2014.pdf（最終閲覧 2021/5/28）

た彼は、従来のスマートフォンとは根本的に異なる設計・デザインとビジネスモデルによりこうした社会課題を改善しようと研究を進めた。その結果2012年に、「4大紛争鉱物」のうちの2種類、タンタルとスズに関して、紛争地域以外のものが使用されたスマートフォン「フェアフォン」が誕生した。これによって紛争鉱物を使用しなくともスマートフォンの製造・販売が可能であるという事例が世の中に示され、フェアフォンは紛争鉱物の課題が黙認されていたスマートフォン業界へ一石を投じる、大きな役割を果たした。*17

従来のスマートフォンメーカーと異なり、フェアフォンは全ての鉱物の産出地と製造・加工業者、サプライチェーンを公開するという、ビジネスの透明化を徹底的に進めることによって社会的信頼を集め、他社と差別化を計ることにも成功した。フェアフォンは、地球環境と人権に配慮した世界初の「エシカルスマートフォン」として、瞬く間に世界的に知られる存在となり、消費者が紛争鉱物の問題に関心を向けるきっかけをつくったのである。

フェアフォンの優れたビジネスモデル

1章「新サーキュラーエコノミー・アクションプラン」(57頁)で触れたように、フェアフォンは利用者が自分で分解でき、カメラやマイク、ディスプレイといったパーツを交換・修理しやすい設計になっている。また、ビジネスモデルや製品設計の段階からサーキュラーエコノミーを軸に据え、次のような利点を生みだした。

＊17　2016年に発売された「フェアフォン2」以降のモデルでは、4大紛争鉱物の全てで紛争地域以外のものが使用されている
(参照：Fairphone “Fairphone 2 good vibrations with conflict-free tungsten” https://www.fairphone.com/en/2016/06/20/fairphone-2-good-vibrations-with-conflict-free-tungsten-2/(最終閲覧 2021/5/28))

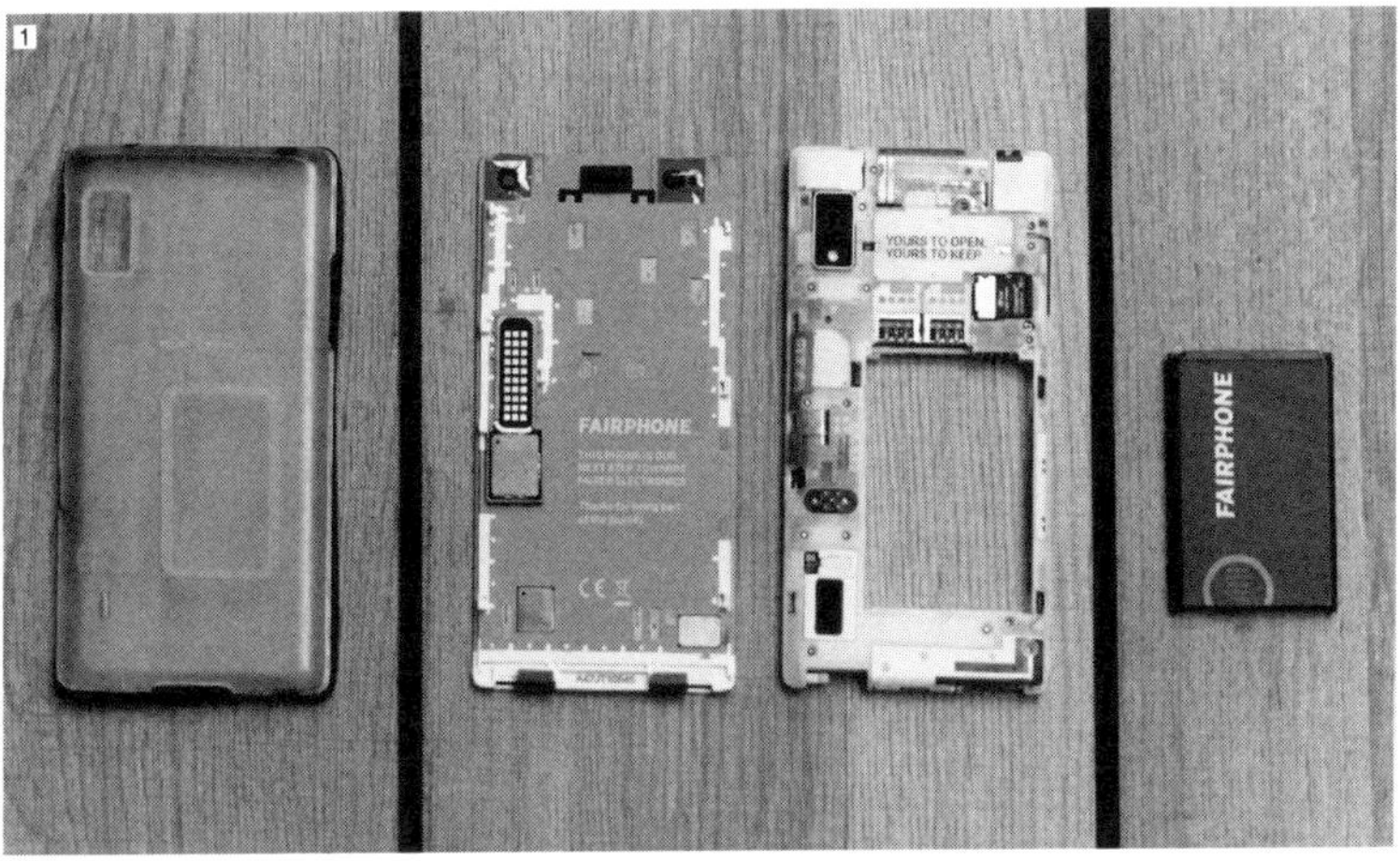

1. 4つのレイヤーでできている（カバー、ディスプレイ、メインレイヤー、バッテリー）　全て ©Akihiro_Yasui
2. カメラやイヤホンのアイコンがあり、ドライバー一本でスムーズに取り替えができる

・製品本体（全部品）は、後述するキャッシュバックシステムにより実質的に必ず自社に返却される
・自社に返却された製品は消耗品を交換し、多くの部品や素材は再利用でき、ほとんど廃棄が出ない
・新しい原材料調達の依存度を減らす強固な製造体制の確立
・今後ＥＵ市場で「修理する権利」やサプライチェーンの透明化に関する法的規制が強化されてもビジネスが継続できるという、リスク管理が行われている

また、このようなサーキュラーエコノミー型のビジネスモデルは、企業だけでなく利用者にとってのメリットも大きい。例えば近年、新しいスマートフォンへの買い替え理由の一つには、カメラの性能向上が挙げられている。この際、一般的なスマートフォンでは本体ごと最新機種への買い替えが必要だが、フェアフォンでは最新のカメラパーツだけを購入し利用者自身でのモデルチェンジが可能だ。価格は最新のカメラでも５０００円ほどで、部品の中で一番高価なディスプレイでも、約１万円とリーズナブルな価格設定である。

使用されなくなった本体や部品は、送料無料で企業に送り返すことができ、返却すると利用者にキャッシュバックされ[*18]、２０２０年には１・７万台以上が回収された。一般的なスマートフォンの寿命が３年程度と言われるのに対し、フェアフォンは利用者がメンテナンスや部品交換を行い10年間の使用が念頭に置かれ設計されている。なおＯＳはAndroidで、私が使用している限り操作性には全く問題がない。

修理がしやすい設計デザイン導入のヒント

＊18　2021年5月現在、フェアフォンのウェブショップから「Fairphone 3」、または「Fairphone 3+」を注文した際に「Fairphone 2」を返却すると40ユーロ（約5000円）、「Fairphone 1」では20ユーロ（約3000円）がキャッシュバックされる。過去には期間限定で他社の携帯電話の返却も受けつけられていた
（参照：Fairphone “Fairphone Recycling Program Terms & Conditions” https://www.fairphone.com/en/legal/recycling-program-terms-conditions/#2specialpromotion（最終閲覧 2021/5/28））

デルフト工科大学のサステナブル・デザイン研究者であるジェレミー・ファルジ（Jeremy Faludi）氏は、分解しやすい製品設計のためのポイントを次のように挙げている。[*19]

・可能な限り部品数を減らし、シンプルな設計にすること
・ネジの種類やサイズ等、規格が統一化されたものを使用すること
・パーツは、分解・修理に伴う繰り返しの開閉への耐久性を持つこと
・ネジは多面的に用いず、一つの面にだけ用いること
・特殊な工具を用いずに、手で分解・開閉ができること
・接着剤を用いないこと。どうしても必要な際は、電気や超音波、熱を加え簡単に分解でき、無害な接着剤を用いること
・専門知識がなくとも誰でも分解できるように、手順ややり方を本体に記すこと

これらのポイントのうち、より多くが導入されていればいるほど修理・分解しやすく、長期間使用し続けられるが、私が使用している限りでは、フェアフォンにはこれらの点全てが導入されている。また、素材を再資源化しやすくする方法としては、一つひとつのパーツに適切なリサイクルマークを刻むことや、可能な限り塗装しないことが挙げられている（多くの塗料は人体に有害で、またカラーバリエーションが増えるとリサイクルが行いにくくなるため）。このようにフェアフォンでは、サーキュラーエコノミーで重視されている修理やアップデートが可能なプロダクト設計と、使用済み品の回収、紛争鉱物に頼らない安定したサプライチェーンが実現されているのだ。

＊19　Autodesk Sustainability Workshop "How to Design for Disassembly and Recycling" https://www.youtube.com/watch?v=vcFRvuOnWQ8（最終閲覧 2021/5/28）

トニーズ・チョコロンリー（Tony's Chocolonely）

グローバル企業を凌駕する、社会課題改善型スタートアップ

「サーキュラーエコノミー」という言葉が欧州委員会やオランダ政府の政策に使われるよりもおよそ10年も前に、当時大量生産・大量消費型ビジネスモデルが主流であった欧州市場へ一石を投じる企業が誕生した。「トニーズ・チョコロンリー（Tony's Chocolonely）」である。２００５年の創業以来オランダ国民から絶大な人気を誇るチョコレートメーカーで、カカオ産業に横行する児童労働の撲滅を経営理念に掲げている。

トニーズ・チョコロンリーが数ある欧州企業の中でも特別なのは、社会課題改善を第一に掲げながら、創業からわずか15年ほどの２０２１年時点で、ネスレやゴディバといったグローバル企業を凌ぎオランダ国内チョコレートシェアのトップを占めている点にある。また、サステナビリティに関するブランドイメージと消費者行動を調査する欧州最大の組織 Sustainable Brand Index が実施する、オランダの消費者による「企業の持続可能な取り組み評価」では２０１８年から２０２１年まで4年連続でトップに選出され、こちらでもテス

©Kodai_Oka

ラやイケアといった世界的有力企業を抑えている。[＊20]

トニーズ・チョコロンリーは、2010年代に続々と生まれるフェアフォンやマッド・ジーンズ、インストックといったサーキュラーエコノミーを代表する企業に対し、社会課題改善型ビジネスモデルが充分にこれからの市場で渡り合っていけるという大きな自信と学びをもたらした。

一人のジャーナリストの熱意から創業したチョコレートメーカー

トニーズ・チョコロンリーの始まりは、あるテレビの番組制作だった。2004年当時ジャーナリストだったトゥーン・ファンデクークン（Teun van de Kauken）氏は新番組制作のためにチョコレート業界について調査をしていた。その中で彼は、自分が子どもの頃から食べているチョコレートのほとんど全てが、実は西アフリカで子ども達を奴隷のように働かせて生産されたカカオからつくられているという事実を知り、衝撃を受ける。「児童労働が関わらないチョコレートの生産は、それほど難しいことなのか…？」彼は疑問に思った。

そこで彼は、チョコレートを販売するグローバル企業に児童労働について電話で尋ねて回ったが、企業秘密として全く相手にしてもらえなかった。そこで、ついには自ら児童労働が関わらないチョコレートをつくるべく、現地を訪ねてカカオを調達する決意をした。入念な調査の上で児童労働が関与しない組合からのみカカオを購入し、当時まだ一般的でなかったクラウドファンディングを用いて資金調達を行うことで、児童労働に対して人々の関心を集めることにも成功した。

児童労働が関わらないチョコレートバーのサンプルは瞬く間に完売し、その後追加製造をしてもす

＊20　Sustainable Brand Index ” The Netherlands B2C”https://www.sb-index.com/the-netherlands#close（最終閲覧 2021/5/28）

ぐに完売する事態になり、ついに自身で会社を立ち上げることを決めた。それがトニーズ・チョコロンリーの始まりだ。ファンデクークンが番組制作でチョコレート産業の実態を知ってから、わずか1年後のことである。この名前には、創業者であるトゥーン・ファンデクークンの「トゥーン」というオランダ名を、英語読みで覚えやすい「トニー（Tony）」とし、「チョコレート（Choco）」に関わる児童労働改善を当初誰にも相手にされずに一人で始めたという経緯から「ロンリー（lonely）」という単語が組み合わされた、という由来がある。

なお「児童労働（Child labour）」とは一般的に、長時間労働が禁止されている幼い子どもたちが本来学校に通わなくてはいけない時間帯に仕事に従事させられることを指す。賃金が不法に低く設定され危険が伴う労働環境での作業が多く「現代の奴隷制」とも呼ばれ、大半の国では法律で禁止されている。しかし、アジアやアフリカ、中南米の低所得国では政府の汚職により軍事組織やグローバル企業との癒着が起こりやすく、児童労働が見過ごされてしまうケースが多い。2020年10月時点でのトニーズ・チョコロンリーの報告によると、コートジボワールとガーナ等西アフリカの国々で、150万人以上の子ども達が児童労働に従事させられているとされ、私たちが普段見かけるチョコレートの多くがこうした児童労働が関わって生産されたものだそうだ。[*21] 世界各国の政府や企業も認識しながら看過しているとされ、カカオだけでなくコーヒー豆の栽培や、レアメタルやダイヤモンドの鉱物採掘にも広く該当するとされている。

メインターゲットは「意識の高い層」よりも「一般消費者」

＊21 Tony's chocolonely "Don't kid yourself about child labour" https://tonyschocolonely.com/uk/en/our-mission/news/dont-kid-yourself-about-child-labour（最終閲覧 2021/5/28）

トニーズ・チョコロンリーがメインターゲットとしているのは、普段から児童労働やサステナビリティに関心を向けている層ではなく、あくまでも一般消費者である。大衆に購入してもらうことで課題を広く知ってもらい、ビジネスの規模拡大にも繋げることができる。そのため、なによりも大切にされているのは美味しさや思わず手にとってみたくなる魅力的なパッケージデザインである。購入者は味やデザイン、大きさのお得感に惹きつけられて購入し、その後からさりげなくデザインされたメッセージによって児童労働の課題やトニーズ・チョコロンリーの取り組みを知り、根強いファンになっていく。

アムステルダム市内に2店舗あるトニーズ・チョコロンリーのコンセプトストアはどちらもポップでカラフルな明るい内装で、一度は入ってみたくなる雰囲気だ。店内では20種類ほどある全ての味を試食でき、子ども連れの家族や旅行者でいつもにぎわっている。自分たちでトッピングやパッケージを決めてオリジナルチョコレートがつくれるコーナーも用意されている。

トニーズ・チョコロンリーでは、伝えたいメッセージは文字ではなく、人目を惹きつける可愛らしいデザインでさりげなく散りばめられている。例えば、板チョコレートは一般的なもののように均等に分割できず、割ると大きさがバラバラになってしまう。この理由を尋ねると、スタッフはこのように説明してくれる。

「普段私たちが食べているチョコレートには、児童労働という不平等な問題が関わっています。世界にまだそうした問題が横行しているにもかかわらず、できたチョコレートだけが均等に割れあたかも全てが平等かのように見えてしまうことは、私たちにとって不自然なことに思えます。チョコレート産業全体から児童労働がなくなるまで、私たちはこのデザインを続けるつもりです」。

さらによく見ると、チョコレートの左半分が世界のカカオ生産量の約60％を占めるコートジボワール、ガーナ、ナイジェリア等西アフリカ諸国の国土の形になっており、購入者がこれらの国々のことを考えるきっかけを提供している。また、複数の味が楽しめるボックスは、よく見ると一つの味だけ上下逆さまに入れられている。この理由についてスタッフはこのように答えてくれる。

「児童労働が黙認されているように、私たちの社会にもよくみると何かが変であることがあります。このチョコレートボックスには『よく見ると何かがおかしい』と感じてもらうという、私たちの狙いがあるのです」。

ちなみに2005年の創業時に製造されたミルクチョコレート味のパッケージには、警告を示す色である赤が採用された。これは、チョコレート業界に蔓延する児童労働の黙認に警告を示し、注目を集めるためである。またトニーズ・チョコロンリーは、フェアトレード以上の賃金でカカオを取引しているにもかかわらず、認証ラベルをパッケージの表に出さず、裏側に小さく表示している。これは、現在の認証基準では労働者は満足な賃金を得られていないため、基準改善を求める姿勢を表す。代わりにパッケージの表には、自社で開発した児童労働撲滅を目指すロゴが独自認証ラベルとして掲載されている。さらに、YouTubeも活用し、ポップなアニメーションを通じてチョコレート産業に蔓延する児童労働の問題を伝えている[*22]他、毎年秋には「トニーの日（Tony's Day）」として大規模な音楽フェスティバルも開催している。

なお、トニーズ・チョコロンリーの商品は大手チョコレートメーカーと比べて10％ほど割高に設定されている。アメリカを拠点にZ世代・ミレニアル世代の消費者動向を調査する専門機関「YPulse」によると、13～36歳のうち「サステナブルな製品には10％多く支払っても良い」と回答する人が約

＊22 Tony's Chocolonely “A Sweet Solution to a bitter truth” https://www.youtube.com/watch?v=j7awChZJGP0 （最終閲覧 2021/5/28）

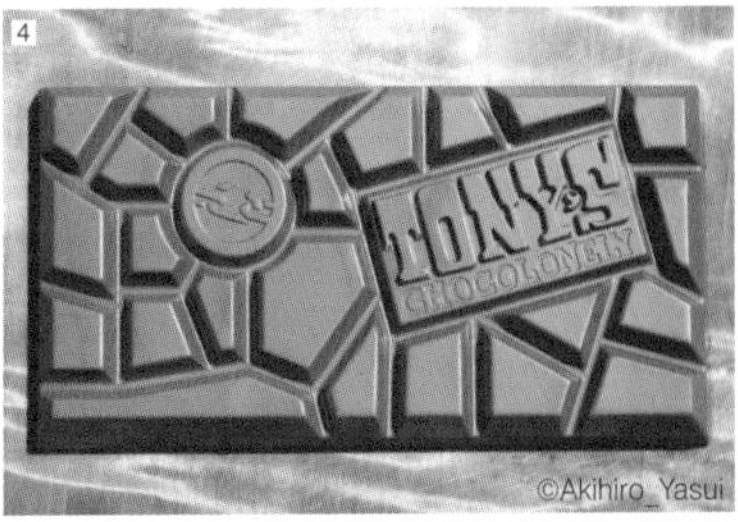

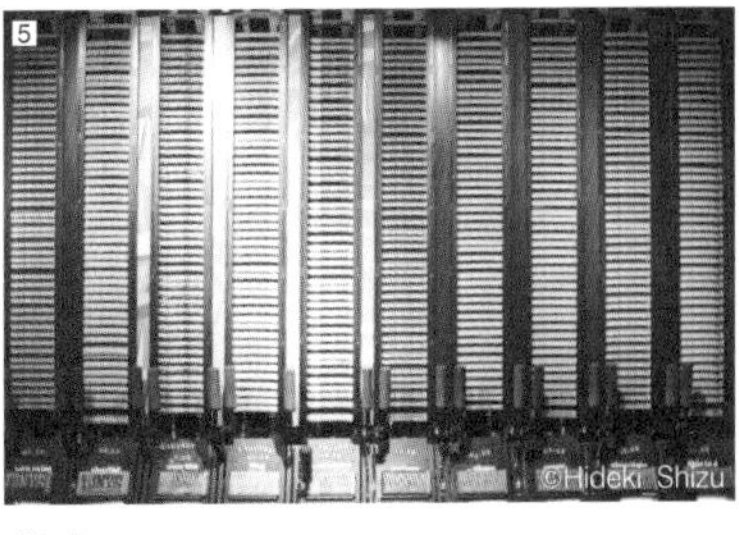

1. ポップな店内のコンセプトストア。観光客と地元民でにぎわう
2. 鮮やかな色のパッケージ。赤は「注意喚起」を示すサイン
3. よく見ると一つだけ違う向きで入れられている
4. 不均等に割れたチョコレート。左側では西アフリカの国々の国土が表現されている
5. 店内には 20 ほどフレーバーの種類があり、カラフルな背景は人気撮影スポットにも

40％いるという結果もあり[23]、トニーズ・チョコロンリーの価格設定はその水準に合致している。また、通常のチョコレートと比べてひときわ大きくとにかく美味しく魅力的なパッケージであることも、購入者が損をしている気分にならないよう工夫されている点だ。

　このようにトニーズ・チョコロンリーは、ビジネスの透明性、メッセージの伝え方、ファン獲得の方法、ターゲットの捉え方等、その後に誕生したサーキュラーエコノミーを推進する企業に大きな学びを与え、社会課題改善型ビジネスが成長する基礎を築いてきた。既にオランダの域を超え、アメリカやドイツ、北欧、そして2020年からは日本にも進出を果たし、世界25ケ国で購入できる。トニーズ・チョコロンリーは、サーキュラーエコノミーを推進する世界中の企業に今なお影響を与え続けている存在と言えるだろう。

＊23　YPulse “How Young Consumers Really Feel About Eco-Friendly Products, In 5 Stats”https://www.ypulse.com/article/2019/02/27/how-young-consumers-really-feel-about-eco-friendly-products-in-5-stats/（最終閲覧 2021/5/28）

デ・クーベル（De Ceuvel）

造船所跡地で繰り広げられるリジェネラティヴ・ビジネス

サーキュラーエコノミーの現場を知るべく、各国から多くの企業や行政がアムステルダムに訪れる中で、どの組織も必ず視察する場所がある。それが、アムステルダム北地区で「サーキュラーエコノミーの実験エリア」として知られている「デ・クーベル（De Ceuvel）」だ。新型コロナウイルスの蔓延前には、年間7〜8万人が訪れていたそうだ。この北地区は、観光客の多い中心部から大きな河川を挟んで対岸に位置しており、船で所要時間10分ほどでたどり着く。この船は無料かつ自転車の持ち込みもできるため、地元民や観光客が船をいっぱいにして対岸のアムステルダム中央駅から北地区へ向かう様子が昼夜を問わず見られる。

元々この地域は造船所や自動車整備工場が立ち並ぶ

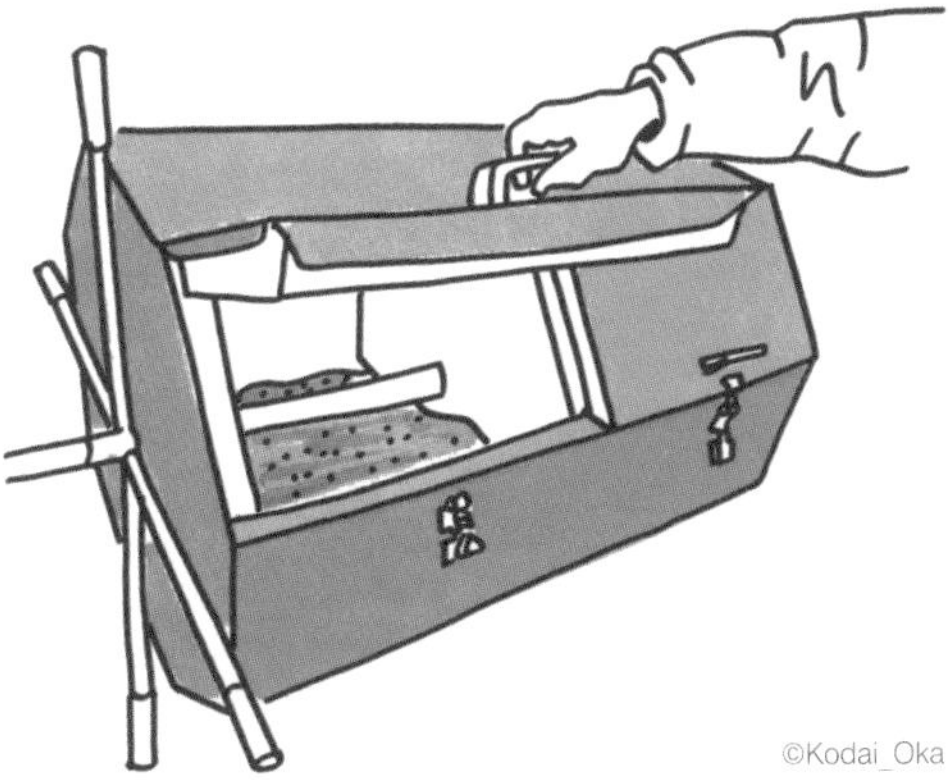

©Kodai_Oka

労働者の居住地区で、地元民や観光客のための娯楽スポットはなかった。その後、１９９０年代から２０００年にかけて造船所や工場が相次いで閉鎖し土地価格は下落。それを受けてアムステルダム市は、ここを未来に向けた実験的建築プロジェクトを進めるエリアとして活用し始めた。２０１３年のことである。現在ではデ・クーベルやスホーンスヒップ（128頁）、造船所跡地を活用した欧州最大のアーティスト・レジデンス「エヌディーエスエム（NDSM）」等世界中の先駆けとなるサーキュラーエコノミーの実験的なプロジェクトが進められ、若者や観光客、海外からの視察団等、クリエイティヴで先駆的な活動を求める人々が集まるエリアとして機能している。

なおアムステルダム市には、デ・クーベルで実験的に始めてうまくいった取り組みを、実際の都市計画に応用したい狙いがある。さらにその先には、得られたノウハウや知識を、知的財産のビジネスとして他国の都市計画にも展開させようとするヴィジョンも持っている。

汚染地域を再生する取り組み

デ・クーベルのミッションは、サーキュラーエコノミーの考え方をコミュニティに応用し、全てを資源として使用し続けることによってコミュニティから出る廃棄物を実質的にゼロにすることだ。敷地内には廃船を建物の土台に再活用したオフィスが並び、30以上ものスタートアップが入居している。その他にもレンタルスペース、レストラン、野菜やハーブを育てる屋内ファーム、魚の飼育室、コンポスト、養蜂エリア等がある。中心部から近いという好立地条件と開放的な屋外スペースを活かし、野外イベントの人気会場としても利用されている。夏場にフェスティバルが開催される際には、

１０００人もの市民たちが集い、太陽の下で水着姿でビールを飲む姿が見られる。6月〜9月頃にはデ・クーベルが面する河川でたくさんの若者が泳いでいる。これもデ・クーベルが取り組んできた植物による浄化作用の賜物なのである。

デ・クーベルが生まれる前、この土地は２０００年を最後に廃業した造船所の跡地として残されていた。10年間全く有効活用されておらず、犯罪の温床にまでなってしまったエリアでもあった。活用を難しくしていたのは、75年にも及ぶ造船所の稼動で地中に蓄積された有害物質である。当時は、人が歩くことも許されないほどにひどく汚染されていた。

一方アムステルダム市としては、都市人口が増加する中で、中心部からアクセスの良いこの土地をなんとか有効利用したい思いがあった。そこで２０１２年にこの土地の活用アイデアを民間に公募し、10年間補助金をつけて民間に土地を貸すことを決めた。結果、デ・クーベル以外の案は汚染された土壌を埋め立てるか除去するものだったのに対し、デ・クーベルは研究機関と協働し、「ファイトレメディエーション」と呼ばれる浄化作用のある植物を計画的に植え土壌を再生しつつ賃貸ビジネスで収益をあげるという取り組みを提案し、市から大きな評価を得るに至った。デ・クーベルの提案で特に評価された点が、1章で紹介したように(47頁)、汚染された土地を再生する「リジェネラティヴ」なプロジェクトであったことだ。近年の欧州では、現在の地球環境や社会を鑑みた際にはもはや「現状維持」の意味合いの強い「持続可能性（サステナビリティ）」では足りず、人間が活動すればするほど環境がより良くなる「リジェネラティヴ」な取り組みが重要であるという認識が一般的になりつつある。

コミュニティでの循環の仕組み

デ・クーベルのオフィス群にはそれぞれ太陽光発電パネルが設置されており、その数は全体で150ユニットを超え、年間3・6万kWhを創出している。現在、夏場は全てのオフィスのエネルギーがこれらで賄われており、冬場の日照時間の少ない時期と電力消費の大きいレストラン施設には他企業が発電した再生可能エネルギーが活用されている。将来的にはデ・クーベルで発電した再生可能エネルギーだけでコミュニティ全体のエネルギーを賄うことが目標に据えられている。

また、当初デ・クーベルでは深刻な土壌汚染のため、オフィスの下には上下水道を新設できず、水洗トイレの代わりにコンポストトイレが導入された。現在一般的に普及している水洗トイレは、水の使用量の多さに加えて、分ければ本来様々な用途がある糞、尿、ペーパーを一緒くたにしてしまうことで再活用を難しくしている一方、コンポストトイレでは水は不要で、糞、尿、ペーパーが分けられ資源として活用できる。ちなみにオランダでは、人の排泄物からつくられた堆肥を人が口にする可能性のある野菜や果物等の栽培に使用できないという法律があるため、デ・クーベルでつくられた堆肥は施設内や地域で育てられている観賞用のチューリップ等に使用されているそうだ。

さらに、レストランから出てしまう野菜や果物等の調理残渣や食べ残しを循環させる手法として、近年世界各国で注目されている「アクアポニクス」がデ・クーベルでも導入されている。ミミズと魚の生態を応用することで、フードロスを実質的にゼロにできる試みだ。

アクアポニクスではまず、レストランから出た調理残渣や食べ残しが全てコンポスト内のミミズに与えられる。コンポストの堆肥は野菜を育てるために利用され、育ったミミズは施設内で飼育されて

1

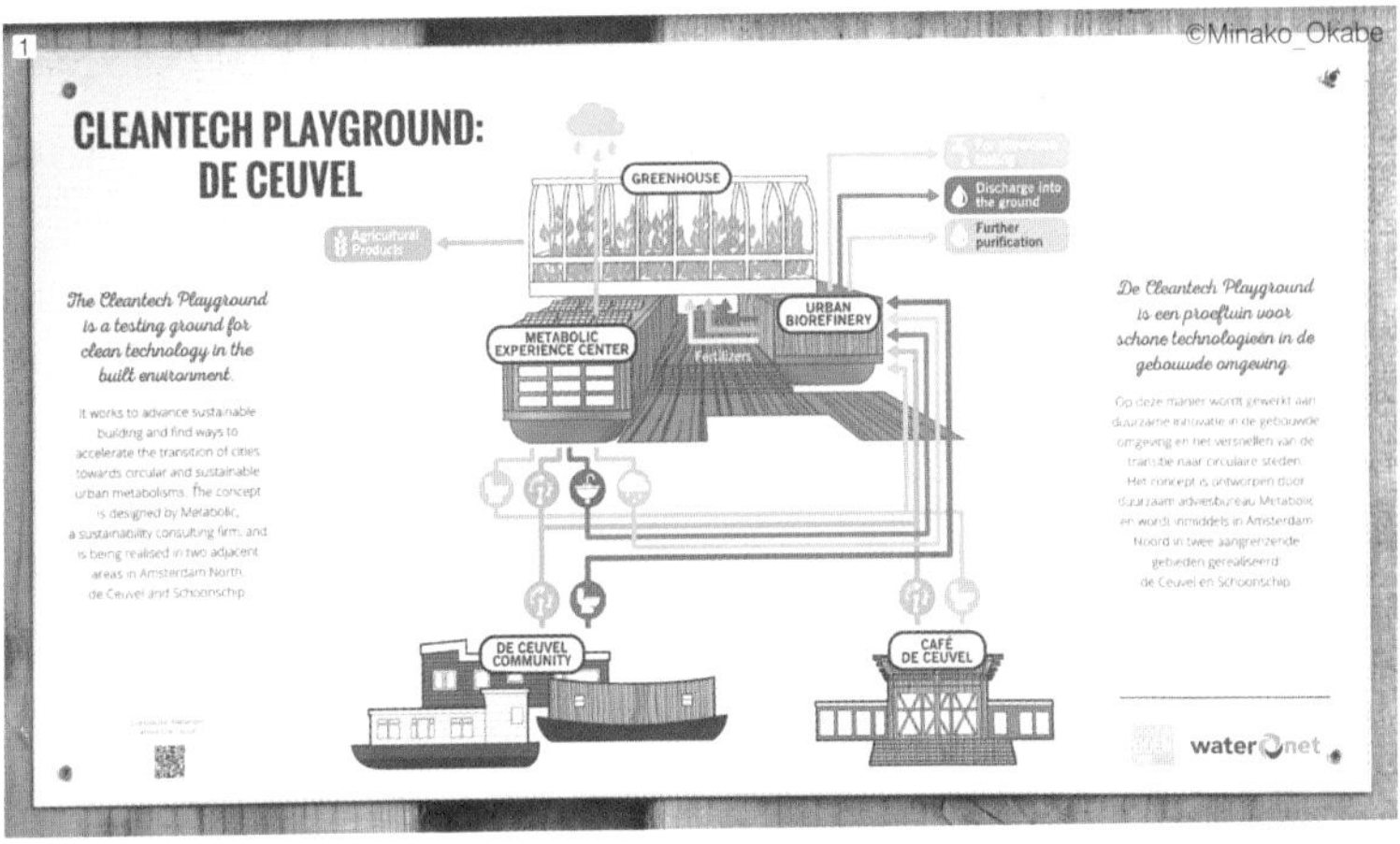

2

4

3

1. アクアポニクスの仕組みがわかる掲示
2. 汚染されていた地面から底下げして設置されたウッドデッキ
3. 廃船が建物の基礎に活用されたオフィス群
4. 土壌汚染改善のために植えられた植物群

いる魚に与えられる。魚の糞はフィルターを通して栄養素と毒素に分けられ、栄養素だけが隣接する畑の野菜にチューブで与えられる。そして、そこで育った野菜やハーブはレストランで提供されるという、実質的にフードロスをゼロに抑えることができる循環の仕組みが整えられている。将来的には、さらに海藻と食用昆虫の飼育をこの循環の中に取り入れることも計画されている。

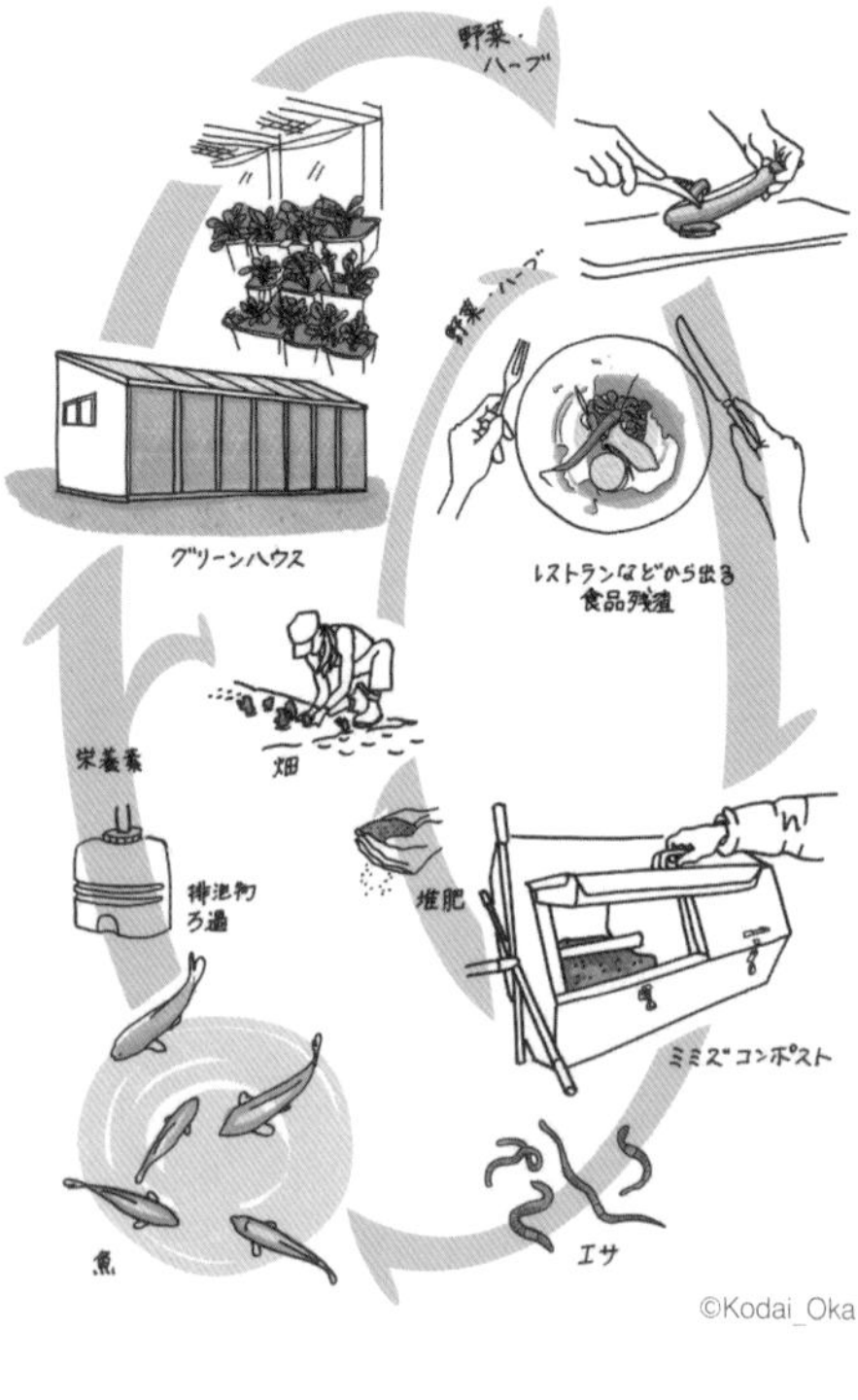

©Kodai_Oka

ビジネスの中で「遊びごころ（Playful）」を大切にする

デ・クーベルは、このような数々の実験的取り組みを行う自分たちのコミュニティを「クリーン・テクノロジーの遊び場（Cleantech Playground）」と言い表している。彼らのチャレンジを積極的にサポートしているアムステルダム市との間で共有されていることは、「遊び心（Playful）」を大切にし創造的に楽しみながら、まだ世界のどの都市も取り組んだことのない効果的な方法でサーキュラーエコノミーを進めるという真摯な想いだ。

またデ・クーベルは、自分たちだけでなく、地域全体が一歩ずつサーキュラーエコノミーを進めることを重視している。例えば、デ・クーベル内のウッドデッキを新設・修理するときにはイベントが開催され、地域の大人や子どもたち、そして観光客まで参加できる。参加者はイベントを通じてデ・クーベルのその他のサステナブルな取り組みを知ってファンになり、日常的にレストランに足を運び、夏のフェスティバルにも参加するようになる。

オランダ政府が完全サーキュラーエコノミー化社会を目指す２０５０年には、デ・クーベルはどんな姿になっているのだろうか。そこには関わってきた一人ひとりの想いが反映され、地域に愛されるコミュニティができあがっているはずである。

ファッション・フォー・グッド（Fashion for Good）

未来のサステナブルファッションを学ぶミュージアム

アムステルダム中心部で最もにぎわうダム広場から歩いて5分ほどのところに、欧州中のアパレル企業から注目を集める複合施設がある。２０１８年に「世界初のエシカルファッション・ミュージアム」として誕生した「ファッション・フォー・グッド（Fashion for Good）」だ。

ファッション・フォー・グッドは、環境や生産体制を考慮した「サステナブルファッション」の最先端の取り組みが展示された体験型教育施設である。後述する「クレイドル・トゥ・クレイドル（Cradle-to-Cradle）」という考え方の生みの親であり、欧州ファッション業界の著名人として知られるウィリアム・マグダナー（William McDonough）氏が共同創業者だ。立ちあげに

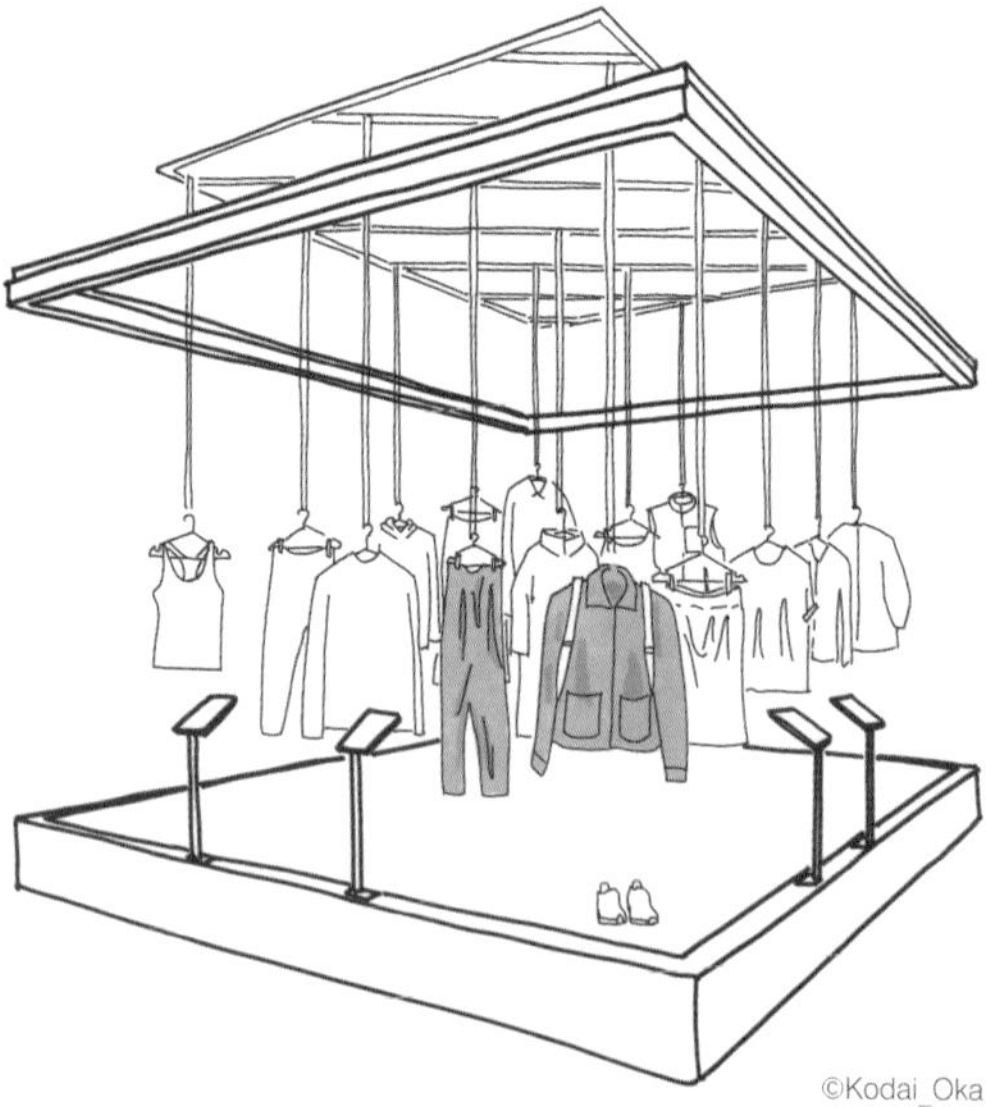

©Kodai_Oka

際してはC&A Foundationやadidas, Bestseller, Lafayette group, Keringといったアパレル業界の有力企業が出資した。adidas, Tommy Hilfiger, Fjallraven, Allbirdsのような日本でも馴染み深いグローバル企業から新興のスタートアップまで、企業規模にとらわれず最先端の取り組みを幅広く紹介していることも特徴的だ。これまで国内外2000以上の組織と共創し、新型コロナウイルスの蔓延前には毎月2200人ほどが訪れていたという。

建物は地下一階から地上二階までの三層で構成され、フロアごとに「過去」「現在」「未来」というテーマに分かれて展示されている。入り口で受け取るブレスレットには電子チップが組み込まれており、施設内でファッションにまつわる学びを得た際に、その場に設けられたセンサーにタッチすると、ブレスレットに情報を記録して回ることができる。全ての展示を回り終えた後には、これから日常生活で実施する「アクション・プラン」として、ブレスレットに記録した学びを自分宛にメールできるのだ。一般的な展示会場では受け身になりがちなところ、ファッション・フォー・グッドでは体験を通じて主体的に学び、日常生活で実践できる工夫が随所になされている。

ファッション・フォー・グッドの「グッド（Good）」には、次の5つの意味がある。

- 良い素材（Good Materials）：健康で安全で、リユースやリサイクルを通じて廃棄を出さないこと
- 良い経済（Good Economy）：サーキュラー／シェアリングエコノミーを進め、全ての関係者に利益があること
- 良いエネルギー（Good Energy）：再生可能でクリーンなこと
- 良い水（Good Water）：水使用量を極限まで減らし、汚水を出さないこと
- 良い生活（Good Lives）：安全で尊厳のある生活様式や労働環境であること

ファッション業界の「過去」「現在」「未来」

地下一階の「過去」のフロアへ降りると、ファッションの近代史の年表が目に飛び込んでくる。ファッション業界における産業革命は、19世紀初頭に量産型のミシンが発明されたことに端を発す。それまで衣類は、各家庭や仕立て屋で一枚一枚つくることが一般的だったが、量産型ミシンが工場に導入されたことで中央集約的な大量生産が可能になり、当時パリにできた世界初の百貨店でそれらの商品の販売が始まった。そして20世紀半ばには、低賃金労働が可能な途上国へ製造拠点が移され、製造国と販売国の距離が離れビジネスのグローバル化が進行した。そのような中、２０１３年にバングラデシュのラナプラザ工場でビル倒壊事故が発生し、多くの労働者が犠牲になったことは、ファストファッションの製造・労働環境に世界中の人々が関心を持つ契機となった。「ファッション業界の労働者」と聞いて思い浮ぶのは工場で縫製する女性たちだろう。現地で展示されているファッション・フォー・グッドの調査によると、彼女たちが受け取る賃金は最終販売価格のわずか０・６％であることが分かっている（図３―１）。また近年では一人が所有する服の点数が増加し一着あたりの着用頻度が大幅に減り、使用されずに眠る衣類が増えたという状況もある。これは、マッド・ジーンズのような所有しないリースサービスが拡張する一因にもなっている。

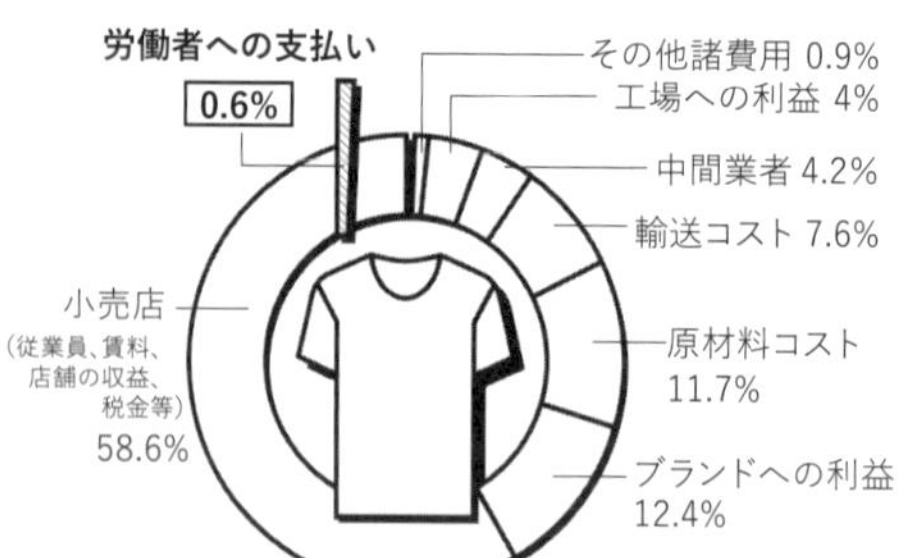

図 3-1　T シャツ 1 枚にかかる費用内訳（現地での展示をもとに筆者作成）

1

FASHION FOR GOOD
I AM
FRANCIE
AND I LOOK FOR CERTIFICATIONS TO CHANGE FASHION
FOR GOOD
S P L A S H
RETHINKING THE ROLE OF WATER IN FASHION
©Fashion for Good

2
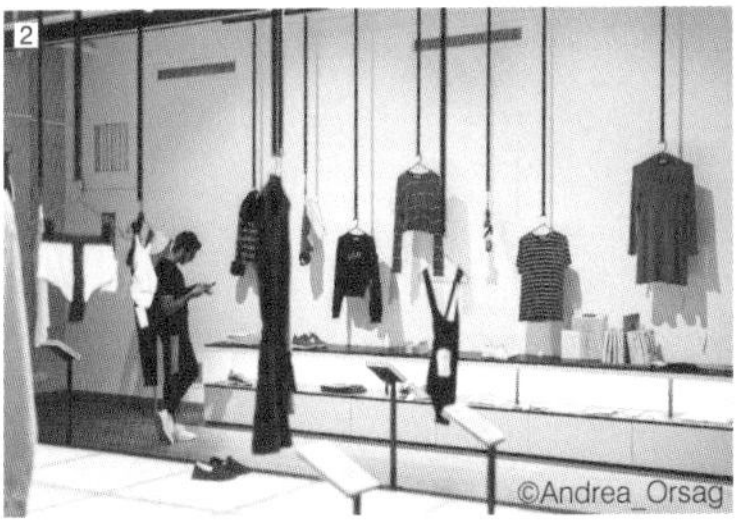
©Andrea_Orsag

4
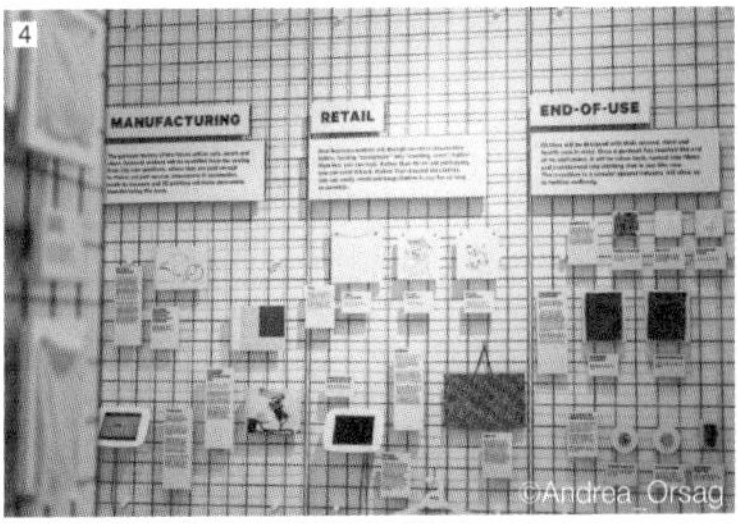
MANUFACTURING
RETAIL
END-OF-USE
©Andrea_Orsag

3
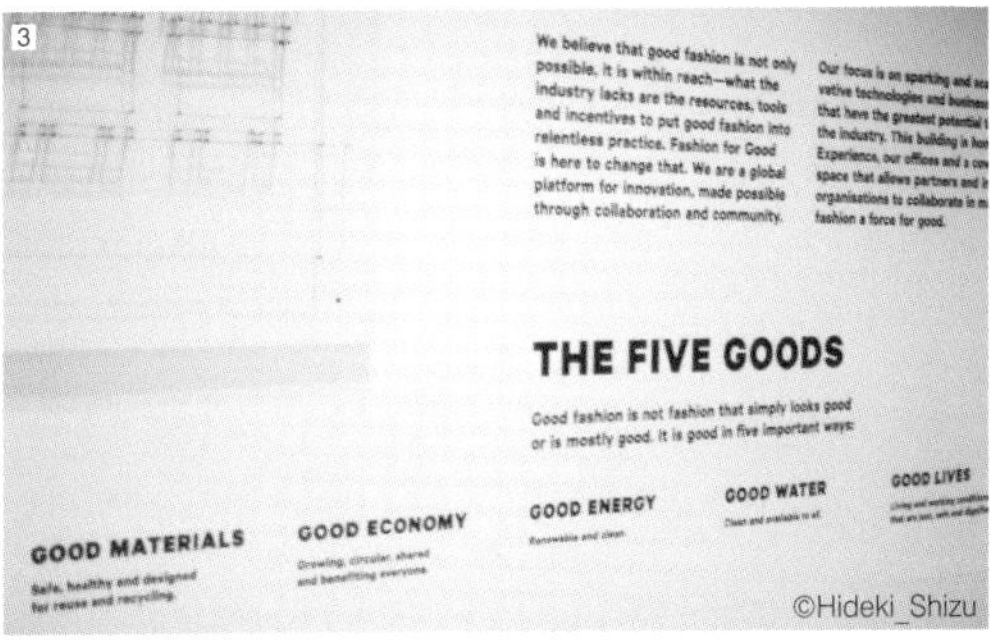
We believe that good fashion is not only possible, it is within reach—what the industry lacks are the resources, tools and incentives to put good fashion into relentless practice. Fashion for Good is here to change that. We are a global platform for innovation, made possible through collaboration and community.
THE FIVE GOODS
Good fashion is not fashion that simply looks good or is mostly good. It is good in five important ways:
GOOD MATERIALS
Safe, healthy and designed for reuse and recycling.
GOOD ECONOMY
GOOD ENERGY
GOOD WATER
GOOD LIVES
©Hideki_Shizu

5

I CAN DO THAT
©Fashion for Good

1. アムステルダム中央駅より延びるメインストリートから見た外観
2. 「現在」フロアの展示プロダクト
3. 「5つの良いこと」の展示
4. 「未来」フロアにある最新素材
5. 学びを記録できるブレスレット

このフロアでは、一枚のTシャツが生産者から消費者の元に届けられるまでの道筋を辿ることができる。また、未精製のコットンと精製されたコットン、コットン100%とポリエステル+コットンの糸、異なる薬品で染色された生地等、様々な素材に実際に触れて違いが体感できるところにも体験型教育施設としての工夫が見られる。さらに、「一枚のTシャツの製造に2700ℓもの水が使用されている」等、大人から子どもまで身近に感じられる学習も特徴的であり、「製品が環境へ与える影響のうち、約80%は設計・デザインの段階で決まってしまう」等、サーキュラーエコノミー型ビジネスモデルへ転換するヒントとなるような情報も紹介されている。ファッションにまつわるこうした事実が、親近感の湧くイラストやデザインで紹介されているため、来場者がポジティヴに学びやすい工夫が凝らされている。

一階「現在」のフロアでは、世界各国のファッションブランドが既に商品化している最先端のサステナブルな取り組みを見学できる。メインの展示スペースでは、水、素材、染色等の異なるテーマが数か月ごとに取り上げられ、先駆的な取り組みが紹介されている。

「クレイドル・トゥ・クレイドル（Cradle-to-Cradle）」という認証を取得したジーンズ等も、一階のフロアで展示されている。これは、「ゆりかごから墓場まで（from the cradle to the grave）」という、社会保障制度の充実ぶりを表現するために第二次世界大戦後にイギリス労働党が掲げた言葉をもじって「ゆりかごから、再びゆりかごへ」という言葉が使用され、一つの認証制度として普及している。ファッション・フォー・グッドの共同創設者であるウィリアム・マグダナー氏とマイケル・ブラウンガード（Michael Braungart）氏によって2002年に提唱され、製品の大部分が使用後に廃棄されず再資源化できる、という認証取得の基準で、サーキュラーエコノミーの考えのもとになったとも言われている。有害物質が極力使用されていないことも、認証基準として重視されているポイントだ。

そして二階の「未来」のフロアでは、各国で実証実験や研究が進められ今後ファッション業界へ広まると見込まれる製品や技術が紹介されている。36頁で述べたアディダスのスニーカーや、フルーツの皮からつくられた本物そっくりの植物性の革に、マッシュルームの繊維でできたワンピース。カポックという木になる実から採取された天然繊維。マイクロプラスチックの代わりにユーカリの木から抽出された生分解性素材のラメ。さらには、ブロックチェーンが取り入れられたサプライチェーンの公開技術等、世界中の最先端の取り組みを知ることができる。

グローバル企業とスタートアップを繋げる共創プラットフォーム

ファッション・フォー・グッドでは、アパレル業界のイノヴェーションを活性化するために、新たなプラットフォーム構築にも取り組んでいる。それが、企業の規模や業績にとらわれず、グローバル企業でもスタートアップでも、サーキュラーエコノミーの分野で優れた企業同士を結びつけ共創を加速させる場づくりだ。これまでは、いくら最新のテクノロジーを持っていたとしても、規模や資本力の小さいスタートアップ企業は、グローバル企業と連携できるまでに時間を要し、またグローバル企業にとっては、毎年世界中で何万社も誕生するスタートアップの中から自社に合い魅力的な技術を持つ企業を見つけ出すことが難しいという課題があった。そこでファッション・フォー・グッドは、「5つのGood」を軸に大企業とスタートアップの双方と連携を取ることで、両者間のマッチングやコラボレーションを促進する役割も担っている。例えば、合成生物学の科学的手法を染色技術に応用するイギリスのスタートアップ「カラリフィックス（Colorifix）」は、植物の色素DNAを解析し、繊維の上にDNAを複製することで染色技術を開発した。これは特殊な大型機器が不要で既存の染色施設に導入しやすく、また従来の染色に比べ80％の水と60％のエネルギー使用量を抑えることができるそうだ。そこでファッション・フォー・グッドはカラリフィックスの技術に着目し、彼女らと繋がりのあったイギリスのファッションブランド「ステラ・マッカートニー（Stella McCartney）」との共創を促進した。その結果、2018年にはカラリフィックスの染色技術が取り入れられたステラ・マッカートニーの新作シリーズが展開されることとなった。

さらにファッション・フォー・グッドでは、グローバル企業や技術者、生産者、スタートアップ関係者、そして消費者（利用者）といった、普段直接顔を合わせる機会の少ない人々を招いたイベントを積極的に開催している。2014年に創業し、わずか数年のうちに「世界で一番履き心地が良い靴」としてハリウッドのセレブたちにも愛用される靴を生み出したサステナブルブランド「オールバーズ（Allbirds）」や、海洋プラスチックから精製された素材を利用した「パーレイ（Parley）」シリーズに関わるアディダスの社員によるトークセッション、サーキュラーエコノミーをファッションデザインに取り入れるためのワークショップ等、これまでにはなかったユニークなイベントを企画している。

アパレル業界にとっては、サーキュラーエコノミーの新製品を開発した際にファッション・フォー・グッドのような多くの注目を集める舞台があることで効果的なPRができ、また他社の最先端の取り組みを実際に学ぶことができる貴重な場として役立てられている。

フェアフード（Fairfood）

ブロックチェーンとＱＲコードによる次世代型フェアトレード

サーキュラーエコノミーへの移行に伴い、「ビジネスの透明化」の重要度が増す中、近年国内外からひときわ注目されているオランダの研究機関がある。「フェアフード（Fairfood）」だ。ブロックチェーン技術を応用した「トレース（Trace）」と呼ばれる新しいフェアトレードシステムの構築を進めているＮＧＯであり、２０１３年以降、パイナップル、バニラ、トマト、砂糖、えび、ココナッツ、コーヒー等の新しいフェアトレードの仕組みづくりに貢献してきた。

従来のフェアトレードの仕組みでは、たとえ認証マークを取得している商品でも、例えば生産者の賃金や労働環境、使用されている農薬の種類といった詳細な情報を消費者は知る方法がなかった。一方フェアフードは、全ての商品にＱＲコードを標記しそれを読み込むことによって、生産者の賃金や取得している有給休暇の日数、生産現場の男女比率、農園の位置情報、使用されている農薬の種類、遺伝子組み換え製品かどうか、輸送や貯蔵他全てのサプライチェーンに関わった企業等、従来は分からなかった商品関連情報を詳しく知ることが

FAIRFOOD
See how
your coffee
was made

©Kodai_Oka

できるよう仕組みづくりを進めている。ココナッツやマンゴーほどの大きさがあれば、一つひとつの果実に直接QRコードを印字して管理できるそうだ。

ここで一つ導入例を見てみよう。オランダのスペシャルティコーヒー（国際的な評価基準SCAで高スコアを取得した豆だけを使用したもの）の輸入業者である「トラボッカ（Trabocca）」は、フェアフードを用い、豆の特性のほか、豆生産者の名前、顔写真、豆1kg当たりの賃金、農園の場所、豆の洗浄場所・方法等、一般的なコーヒーでは知ることのできない詳細情報を公開している。こうしたデータに関して、フェアフードはエクセルのような共通のオンラインプラットフォームやデータベースを用意し、農家自身にデータを入力してもらうことを第一に進めている。しかし、現地でインターネットが繋がらない場合や農家がスマートフォンを持っていない場合は、農家の承諾を得て農園管理者やサプライヤーが代わりにデータを入力することもあるそうだ。また集められたデータの所有権は、フェアフードが提携するこのサービスの導入企業に帰属する。

一方で、データ取得やサプライチェーン透明化には常にプライバシーの問題がつきまとう。この点に関してフェアフードは、プロジェクトについて充分に説明し同意が得られた場合のみ個人情報を公開している。また、公開される名前を姓のみにしたり農園の位置情報をおおまかに表示したり等対応し、透明化とプライバシー尊重の両立を図っている。

このように、フェアフードの仕組みは消費者、導入企業、そして生産者が三方良しの関係になるよう配慮されている。フェアフードの提携企業は差別化され付加価値のある製品を市場に供給でき、生産者は最終価格を知れることで自分たちの賃金の公正さがわかり、消費者に届くまでを追跡できることで働きがいの向上にも繋がる。そして消費者は豆の生産者や農園、品種・洗浄方法等を知ることでスペシャルティコーヒーならではの新たな楽しみを得る。社会全体で不正を防ぎ、より多くの一般消費者の関心を集めながらサステナビリティを追求する企業を支援することで、持続可能な仕組みに近づくことができるのだ。

またこれまでは、たった一つのフェアトレード機関に認証基準の設定やラベルの付与等の権限が委ねられていた。一方フェアフードの仕組みでは、各製造企業、生産者、サプライチェーンの合意をもとに、それぞれの正確な情報を記帳・管理できるため、より分権的な体制が構築できる。ブロックチェーンの特性上、記帳・管理される情報が論理的には全て正しく、不正ができないという点でも、食品産地や原材料の偽装を防ぎ、良い取り組みを行う企業に正当な評価が与えられやすい。既に紹介したサークルや、後述するエクセス・マテリアルス・エクスチェンジでも見られるように、QRコードとブロックチェーンを用いた情報管理・伝達システムの導入はあらゆる分野で進められている。

EU市場の法整備が及ぼす影響

1章で紹介したように（58頁）、欧州委員会は「透明性ある製品情報へアクセスする権利」を消費者の権利強化策の一つに掲げており、将来的にはEU市場で取引を行う企業に対する法整備が予定されている。こうした動きを受けて、EU市場に食品を供給するアジアやアフリカ、中南米等でも変化が起こっているという。情報公開の法整備を進めるEU市場の動向を受け、これまで食品偽装や労働環境での不正が行われてきた地域や流通業者等サプライチェーンの川下からも、今後はEUとの取引継続に向けた改善の動きが加速するだろう。

フェアフードでマーケティングとコミュニケーションを担当するチャンナ・ブルント（Channa Brunt）氏によれば、生産者に公正な賃金を得てもらうには、フェアフードが整備を進める消費者参画型のボトムアップの仕組みに加えトップダウンでのアプローチも欠かせず、その点企業に透明性を求める欧州委員会の法的枠組みの構築は、非常に有効な手段だという。

日本でも、未だに生産地の不明な象牙を用いたハンコや、児童労働の関与の疑いがあるチョコレートやスマートフォン、その他サプライチェーンのはっきりしないバナナやパーム油等が流通している。今後の欧州の動きを予測すると、今日本で標準とされている製品を欧州へ流通させることが難しくなり、またトレーサビリティの確保されていない商品の販売を続ける日本への国際的圧力は高まることが想像される。

フェアフードの今後

フェアフードにも直面する課題はある。現状、生産者はデータ入力に慣れる研修が必要だが、この点に関しては入力を携帯電話（日本のガラケー）でもできるほど簡略化することや、提携企業が入力した情報を生産者が○／×の選択式でチェックする体制が整えられている。また、このサービスの利用により最終価格が上昇してしまうが、その点においてはビジネスの透明性を売りにしたブランディング等が行われている。この他にも、ブロックチェーンでの情報改ざんは防げるもののＱＲコードの印字改ざんが可能等課題はあるが、フェアフードはlearning by doingで一つひとつ改善を進め、これまでにない仕組みづくりを進めている。

― Column ―

ヨーロッパの
ミレニアル世代間で広がる

ミニマリストのリアルな暮らし

必要最低限のものだけで暮らすミニマリストの考えが欧州で広まる中、僕は一時期様々な国の彼女ら彼らの家を訪問していた。生活で廃棄物をなるべく出さない「Zero《ゼロ》 Waste《ウェイスト》」に取り組んでいる人が多く、サーキュラーエコノミーを生活面から深く理解する助けにもなった。なにより皆、創造力と想像力を働かせ工夫した生活を心から楽しんでいた姿が魅力的だった。

「『ミニマリスト＝無理していつも何かを制限している』イメージを持つ人も多いと思うけど、それは違うわ。もっと単純に、自分が本当に気に入ったものしか持たない生活は、人生を豊かにするの」。

特に印象的だったのが、このように話してくれたミミという女性だ。ベルリン在住の彼女は「Minimal Mimi」というYouTubeでミニマリスト生活の知恵を共有している。生活の工夫や新しい気づき、日々のちょっとした楽しみを発信し始めるとドイツ語圏を中心に人気を集め、現在ではテレビ局が彼女の特集番組を組むほど注目されている。

「シンプルな生活になってから、以前よりずっと心を込めてモノを使うようになったし、手入れもするようになったの。服を選んだり部屋を片づけたりものを探す時間もずっと減って、その分他のことに時間が使えているわ」。

「ミニマリスト」というと、「〇〇でなくてはいけない」と定義に縛られる人もいるが、彼女はPerfectよりもBestを目指し、日々楽しみながら小さなことからやってみるのが良いと話す。

「ごみを出すこともあるけれど、それを集めて瓶に入れておくの。そうすると、どんなごみが出ているのか、次からはどう減らせるのかをあれこれ考えられて、創造的で楽しいのよ」。

僕も含め、普段「買うこと」に意識は向けていても「減らすこと」には無頓着な人は多い。人が幸せを感じる方法は、実はこの「減らすこと」にも潜んでいる。欲しいものが手に入りやすい時代だからこそ、足し算だけでなく引き算で生活を彩る工夫をしてみるのも、新しい楽しみ方かもしれない。

取材の様子はこちらから

リトル・プラント・パントリー（Little Plant Pantry）

暮らしとサプライチェーンを変える量り売り専門店

　最近日本のスーパーマーケットでも見かけるようになってきた、必要な量だけ購入できる量り売りのスタイル。欧州でも、脱プラスチックをはじめ必要最低限のものだけで生活を送るミニマリストが年々注目を集める中で、購入時に不要な包装を受け取らずに済む量り売り専門店が大きな支持を集めている。

　欧州の量り売り専門店では、シリアルやドライフルーツ、ナッツ、各種スパイス、お茶、豆、パスタ、野菜、果物、牛乳、チーズ、チョコレート等が販売されている。地域の農家や生産者から直接購入されたオーガニック製品のほか、環境に配慮した商品の扱いが多いことも特徴だ。また近年では、石鹸や洗剤、魔法瓶やお弁当箱等の日用品を扱うコーナーも充実してきている。ヴィーガンチーズやグルテンフリーパスタ、植物性ミルク等、一般的な店ではなかなか手に入らない製品が購入できる楽しみもある。量り売り専門店では、基本的に使い捨て梱包材は使用されないため、利用者が店に容器を持参するが、忘れた場合は、他の利用者が寄付した容器を利用できることが多く、「ゼロウェイ

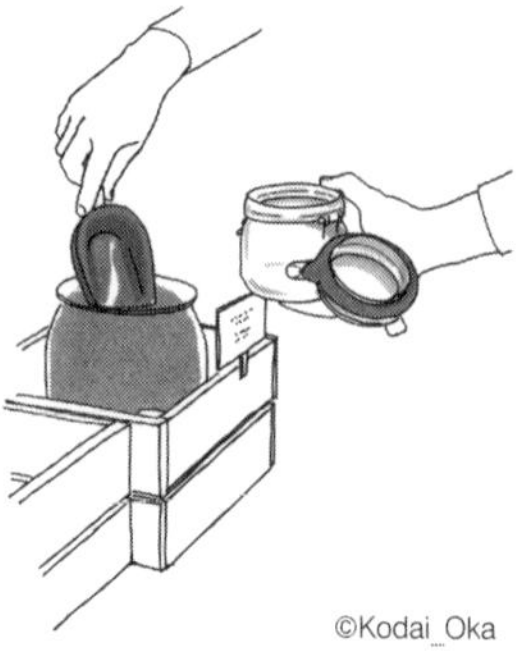

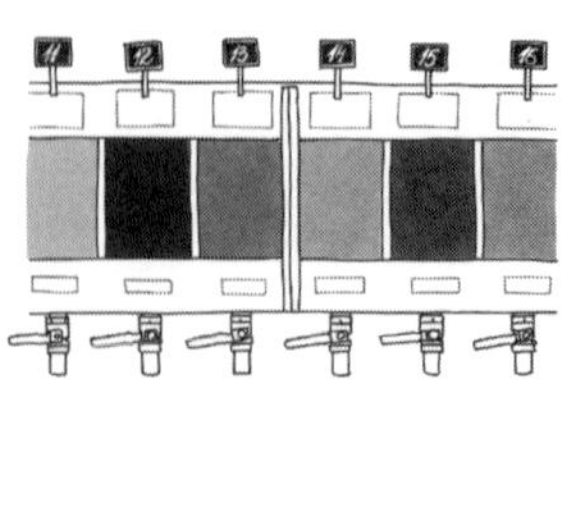

©Kodai_Oka

スト・ストア（ごみを出さないお店）」として、各地域で親しまれている。

私は新しいまちを訪れる際には必ず、グーグルマップに「Zero Waste Store」や「Bulk Store」と入力し、量り売りのお店を探して訪れてみるようにしている。店舗周辺にはオーガニックや地産地消の飲食店が構えられていることも多く、ホテルをその周辺に取るためのマーキングにも有効だ。これまで、オランダ以外にもドイツ、エストニア、スウェーデン、デンマーク、フランス、スイス等各国の量り売りのお店を訪れてきたが、その中で見られた共通点についてまずは触れてみたい。ちなみにデンマーク・コペンハーゲンにある「ロス・マーケット（Løs Market）」の店舗の様子は、EarthackersのＨＰで紹介しているので、下記のＱＲコードからご覧いただきたい。

意外に思われるかもしれないが、10年ほど前の欧州には量り売り専門店は全く見かけなかった。ところが２０２１年5月現在では、ドイツで50店以上、フランスでは３００店以上存在し、この10年間でいかに需要が高まっているかが分かる。フランスの大手量り売り店「デイバイデイ（Day by Day）」等を除けば、ほとんどのお店が個人経営であるところにも特徴があり、市民からの草の根運動であるとも言えるだろう。ちなみに私の印象では、近年20～40代の2～３人組が開業しているケースが多い。これは、欧州委員会が母体となり各国がサーキュラーエコノミー政策を進めていることもあり、量り売り専門店の開業にあたっては、地方自治体、ＥＵ加盟国、そして欧州委員会という三層の行政機関からそれぞれ補助金を得られやすいことも背景にある。さらに量り売り専門店の開業はクラウドファンディングとも相性が良く、資金調達にとどまらずオープン前の告知やファン獲得に結びつけられている例も多い。

このような量り売り専門店はパリやベルリンといった大都市にだけ集中しているわけではなく、

ロス・マーケットの現地の様子はこちらから

小規模のまちも含め国全体に広く点在しており、それぞれの地域ごとになくてはならない位置づけになりつつある。その理由は、量り売り専門店と一般的なスーパーマーケットを利用者の多くが使い分けているためだ。例えば、量り売り専門店では、一般的に売られていないようなこだわりある生産者による食材を、スーパーマーケットではその他日用品を購入する。

また量り売り専門店は、それぞれの地域でサステナブルな活動の情報を集約し、積極的なネットワーキングを行うハブとしても機能していることが多い。お店ではサステナブルな活動が紹介されたパンフレットや地図が手に入ることも多く、提携農家とのワークショップやイベントが開催されていることもある。さらに他の利用者やお店のスタッフも自分と似た関心を持っていることがある程度分かっているため、何かの折に気軽に話しかけたり、打ち解けたりしやすい。欧州では、近くに量り売り専門店があることを引越しの条件にする人もいるくらいだ。[*24]

アムステルダム初の量り売り専門店

意外にも、私が初めて訪れた2018年、アムステルダムにはゼロウェイストを掲げる量り売り専門店がなかった。その当時、オランダ大手オーガニック食品チェーン「エコプラザ(Ekoplaza)」が新しい店舗でのプラスチック包装を生分解性包装へ切り替え大きな話題になる等、新しい形の食料品店に注目が集まり始めていたが、品揃え豊富なエコプラザでも地産品はあまり販売されておらず、アムステルダムにも量り売り専門店のオープンが待ち望まれていた。

そんな中2019年に、アムステルダム初の量り売り専門店「リトル・プラント・パントリー

＊24 量り売り専門店等のゼロウェイスト活動は、フランス人の活動から波及している傾向がある。ドイツでもデンマークでも、第一号の量り売り専門店を開いたのはフランス人だ。また "Zero Waste Home"（邦題『ゼロ・ウェイスト・ホーム　ごみを出さないシンプルな暮らし』アノニマ・スタジオ、2016）の著者であり、現在ゼロウェイスト活動で世界で最も有名な人物であるベア・ジョンソン（Bea Johnson）もフランス人である。Facebook の "@ZeroWasteFrance" グループはフランス語での情報発信にもかかわらず、2021 年 5 月時点で 8 万人以上がフォローするプラットフォームに成長している

1. デザインセンスよく清潔感ある店内。奥がカフェスペース
2. 上段木箱には様々な豆類、下の瓶にはクミン等のスパイスが並ぶ
3. いつも気さくで仲睦まじい店主のウィンター（左）とマリア（右）

(Little Plant Pantry)」が開店した。中心部から自転車や路面電車で訪問できる場所にあり、量り売り専門店では珍しくランチとカフェの営業もしている。リトル・プラント・パントリーは私がこれまでに訪れた量り売り専門店の中でもとりわけ、内装や商品の細部にまで愛情と遊び心が注がれていることが伝わってくるお店だ。元々保育園だった建物を活かし、園児たちが描き残した絵や動物たちのカラフルな切り絵がそのまま内装の一部に活用され溶け込んでいる。商品陳列の仕方や案内板のデザインセンスも良い。

店員の方にお店のオープンを楽しみに待っていたことを伝えると、こう言われた。

「ありがとう!あなたはもしかして日本人?私たち夫婦は日本が大好きで、日本一周したこともあるのよ!」

その後、店員であるマリアとウィンターと、日本やサステナブルな活動について、昔からの旧友のように話が盛り上がった。マリアがロシア、ウィンターがアイルランドの出身で、母国よりもオランダの方が起業がしやすかったために移住してきたこと。移住からわずか半年で物件を決めこのお店をオープンさせたこと。元々アイルランドの奥地で自給自足生活を送っていたけれど、いつしか都会でサステナビリティを進める活動に取り組みたいと思い始めたこと。日本の自然が大好きなこと。朝7時から夜の12時まで働きづめだけれど、大きなやりがいを感じていること。皆に必要とされるお店になったら、他の人たちと一緒に地域の店として運営していきたいこと等、話題は尽きなかった。

小売店から始める循環型ルールづくり

今ではすっかり、リトル・プラント・パントリーはアムステルダムの多くの人から愛されるお店になった。グーグルマップで「Little Plant Pantry」と検索すると、２０２１年5月現在１６５件の口コミが寄せられており、その評価はなんと5点満点である。人気の理由は、彼女らの丁寧な接客によるところも大きいが、一番はその売り方にある。

この店がアムステルダムにできてから、私の生活の中で大きく変わったことがある。それは、瓶やグラス等の容器を市の分別回収に出さずに、店に寄付するようになったことだ。店には容器の回収ボックスが設置されており、来店客はそこから好きな容器を取って商品を詰めることができる。1章の「バタフライ・ダイアグラム」（43頁）等サーキュラーエコノミーの観点から見ても、市のリサイクルに出すより、お店に寄付をしてリユースをしてもらった方が、経済と環境の両面でより良いことが分かる。

さらに、リトル・プラント・パントリーでは、「プラスチック包装を使用するサプライヤーとは取引しない」という独自のルールを設けている。ただし、基準に満たないサプライヤーを一方的に突き放すのではなく、どのようにしたらプラスチック包装を使用せずとも食品の安全を守りながら輸送できるかを一緒に考えていくというものだ。実際に、マリアとウィンターの協力があってプラスチック包装を使用しない輸送が可能になった企業もあり、リトル・プラント・パントリーの率直な要求と課題改善に協力的に取り組む姿勢は、現地のサプライヤーからも大きく評価されている。

また欧州の量り売り専門店、レストラン、カフェ等では、「ウェック（WECK）」というブランドの強化耐熱ガラスを活用し使い捨て容器を使用しない提供方法が、広く実践されている。多くのお店では、ウェック等の容器を返却するとお金が戻ってくるデポジット式が採用されている。ここで重要なのは、比較的高めな返金額を設定することだ。例えば2ユーロの牛乳の瓶を返却すると1ユーロ、6

ユーロで購入したジャムを返却すると3ユーロが戻ってくる等、高いデポジット額を設定し高い返却率に繋げている。

私があるレストランでテイクアウトを注文した際には、パスタ、ラザニア、スープ、デザートの全てがウェックの耐熱ガラスに入れられており、ここでも容器を返却すると一部返金されるデポジットが導入されていた。ウェックの耐熱ガラスは密閉性と耐衝撃性にも優れており、利用者がかばんに入れてテイクアウトすれば、容器や買い物袋の廃棄が全く出ない。もちろん紙ナプキンやおしぼり、ストロー、レシートも、こちらから頼まなければもらうことはない。ちなみにウェックの容器は様々な用途で家庭でも使いやすいため、たとえお店へ返却できなかったとしても損をした気にならないという特徴もある。また密閉用のゴムが弱ったら、その部分だけを購入して容器自体は長く使い続けられることもポイントだ。

新型コロナウィルス禍では飲食店でのテイクアウトの機会が圧倒的に増え包装ごみの問題が改めて浮き彫りになったが、このように容器・包装を使い続ける文化は日本でも早急に浸透していくことが望まれる。その際、リトル・プラント・パントリーが自らより川上の存在であるサプライヤーに要望を伝えているように、購入者自身の店舗への提案も含めたボトムアップの日々の行動が、私たち一人ひとりにできる変革のための確実な方法だと感じている。

Column

日本で量り売り専門店を
営む秘訣

トロッコ商店

近年、日本でも量り売り専門店が増えたものの、短期間で閉店してしまうケースも多い中、札幌市の「トロッコ商店」は2017年の開業以来地元住民に愛されるお店として人気を集めている。継続的な経営のヒントは、地域色に合わせたユニークな運営形態にあった。

オーナーであり建築家でもある下山千絵さんと阿部慎平さんは、東日本大震災をきっかけに生活を見直し、量り売り専門店を始めた。2人は建築士の仕事も続けながら、試しに週末だけ量り売り専門店を開くことに。開店前は週末だけで来てもらえるだろうか、と心配したそうだが、地元の方々は週末しか開いてないと分かれば合わせて来店してくれるようになったという。そのため今でも、基本的に土日しか開いていない。

またシリアル類やナッツ、ドライフルーツ等の扱いが多い欧米の量り売り専門店とは異なり、トロッコ商店ではお茶、豆、ごま、油、地産野菜等日本人の食習慣にあった食材が売られている。その他にも、繰り返し使用できるミツロウラップ、洗剤なく食器を洗えるスポンジ等、新しいライフスタイルを提案する商品も扱う。さらに、リトル・プラント・パントリー同様にサプライヤーと納品形式について意見交換することで、可能な限り使い捨て容器や梱包材を使用せずに調達できる環境を整えている。

ちなみに欧州の量り売り専門店では、日本の生活スタイルに注目した製品が販売されている。例えば、「風呂敷」はエコバック以上に多様な使い方ができる商品として紹介され、間伐材を活用した「竹の耳かき」も注目を集めている。また、オフィスでの気分転換に「けん玉」を取り入れる企業もある。けん玉は誰でも手軽にでき、席を立ちディスプレイから離れられるエクササイズとして人気だ。街なかで首にけん玉をぶら下げて歩く人も何度か目撃したことがある。

トロッコ商店の店内　©Shinpei_Abe

ストリートディベーター（Street Debater）

路上生活を脱するための新しい仕組み

サークル（102頁）でも触れたように、欧州でサーキュラーエコノミーやSDGsが進められる中では、活躍する意欲があっても良い機会が得られていない人材に多様な可能性を示し、社会で活躍する場を提供する取り組みも行われている。

アムステルダム在住で研究機関「ワーグ（Waag）」に研究員として在籍していた木原共さんが考案した「ストリートディベーター（Street Debater）」は、まさにその好例だろう。彼はオランダにあるデルフト工科大学在学時に、路上生活者がこれまでにない方法で金銭を得る方法について研究する中で、人は一度でも物乞いをすると自尊心が著しく損われ、自己肯定感の低下から社会復帰が難しくなることを明らかにした。そこで、物乞いをしなくても金銭を得られる代替活動として、「支援する者」「支援される者」といった関係ではなく、道行く人々と路上生活者が平等になる関係づくりを模索し始めた。

そこで開発されたストリートディベーターは、次のように機能する。路上生活者はYes / No等の二

©Kodai_Oka

択で答えられる社会問題をテーマに設定し、用意した天秤の両側に二択の答えを示しておく。通りがかる人にそのテーマへの意見を尋ね、意見を寄せる方の天秤に硬貨を置いてもらいながら、話をする。そして、天秤は意見の多い方に傾いていくため、通行人がついつい意見を出したくなる誘引がある。

例えば、2016年のアメリカ大統領選がテーマに設定された際、木原さんはドナルド・トランプとヒラリー・クリントンの二つのカップを用意し、協力してくれる路上生活者にストリートディベーターになってもらった。結果、通りがかりの人々は足を止め支持する天秤に硬貨を置いて対話に参加し、路上生活者と通行人の間で新しい関係が生まれた。路上生活者からは、自分がテーマを決めて率直な意見を共有でき、なおかつこれまでにない収入を得られたと好評であったそうだ。現代の社会課題と世論を天秤の傾きによって公共的な場で可視化しつつ、道行く人との対話や投票を通じて路上生活者の自立支援に繋げる狙いがある。

ストリートディベーターのキットを入手するには二つの方法がある。一つはHPから購入し郵送してもらう方法（欧州限定）で、所持金のない路上生活者へ配慮され購入金額は0〜50ユーロ（0円から約6000円）の間で決められる。もう一つはオープンソース化されているキットをダウンロードし、自分で組み立てる方法で、制作に必要な素材や機器があれば場所を問わずつくることができる。また世界各地に広まるデジタル機器が扱える工房「ファブラボ（FabLab）」では、このようなオープンソースのデータをもとに3Dプリンターやレーザーカッターを使用してものづくりができるため、ストリートディベーターとの相性が良い。ちなみに欧州では、図書館のように行政が管轄・支援するファブラボがあり、それらは無料または低価格で使うことができる。温もりを感じる木製の天秤や手書きのチョークで書かれた黒板ボードも、親近感を持ちやすくするデザインの秘訣だろう。

木原さんは既にオスロやバルセロナから発注を受け、ストリートディベーターの取り組みは各国に広がっているという。2020年には研究及び革新的開発を促進するための欧州研究・イノベーション枠組み計画「EU Horizon 2020」に採択され、欧州全域でプロダクトが使えるように試験的な運用が始まりつつある。

路上生活から脱したある男性のケース

ストリートディベーターによって路上生活から脱し、再び職を手にして社会生活に戻った人々もいる。ルーマニア人のある男性は、母国の社会情勢が理由で大学卒業後にロンドンへ移住せざるを得ず、英語も堪能ながら職探しが難航し、ホステルを転々としているうちに貯金が底をつき、やがて路上生活を強いられる境遇に陥った。誰もがそう思うように、彼もまさか自分が路上生活者になるとは夢にも思っていなかった。どれほど空腹になりお金が必要でも、彼は物乞いだけはどうしても避けたかった。そこでインターネットで〝Ways to earn without begging（物乞いせずにお金を稼ぐ方法）〟と検索すると、〝Street Debater〟が上位に表示され、ストリートディベーターのことを知る。彼には住所がなかったが、知り合いの助けを借りてどうにか天秤キットを取り寄せ、ストリートディベーターを試してみることにした。それから週に5日ストリートディベートを行うと、平均して1日に70ポンド（約1万円）、アメリカ大統領選挙の時期に関連テーマを設定した日には180ポンド（約2・6万円）を集めたという。3ヵ月後には住宅を賃貸し始め、路上生活から脱出。さらに、日々ディベートする中で自然と訓練されていた意見表明の仕方や他人の意見を尊重するコミュニケーションスキルを評価

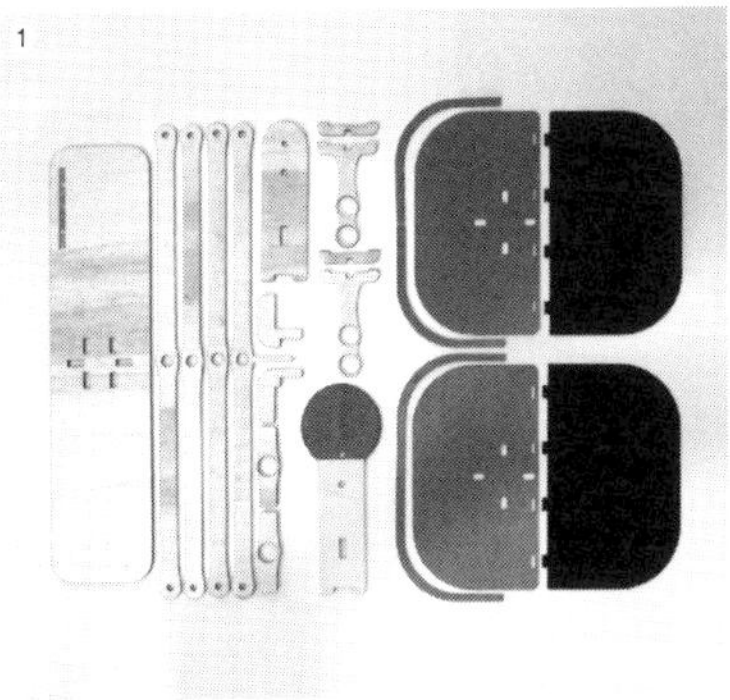

全て ©Tomo_Kihara

1. 誰でも組み立て可に工夫された木製キット
2. 赤と青で塗り分けられた YES と NO の天秤
3. 開発者の木原さん。UBER の増加についてディベート
4. イギリスの EU 離脱（Brexit）をテーマに掲げている

され、小売店での職を得ることにも成功した。面接でロンドンでの経歴を尋ねられた際にも、自信を持ってこれまでの経緯を説明し高い評価を得たという。今ではすっかりロンドンに馴染み、愛犬と一緒に生活を送っている。ちなみに木原さんがロンドンで行った統計では、一時間当たり平均12・5人が足を止めてディベートに参加し、路上生活者は平均13・5ポンド（約2000円）の収入を手にできたそうだ。

この仕組みによって、それまで活躍の機会が得られていなかった人々が生き生きと自分を表現し収入を得られ、意見交換を通じて新しい繋がりが生まれる。SDGsの目標の一つである「誰一人取り残さない社会」には、ストリートディベーターのような様々な人が自分らしく生きることができる環境づくりによって近づいていくものだろう。

Column

最先端中の最先端を知る

Dutch《ダッチ》 Design《デザイン》 Week《ウィーク》

「Dutch Design Week《ダッチ・デザイン・ウィーク》」は毎年10月にオランダのアイントホーフェンで開催される欧州最大級のデザインフェスティバルで、9日間の会期中35万人以上が来場する。大手企業の初披露となる取り組みから学生の画期的な作品まで紹介され、その場で制作者と話せることも特徴だ。各国から有力なスカウトも来場するため制作人生を懸けた作品も多い。2020年はオンライン開催だったため、ここでは2019年の様子をお届けしたい。まち全体が会場で僕は2日間で1/3も見られなかったほどとにかく大規模だ。

印象的だったのは一部エリアがサステナビリティに特化しているのではなく、フェスティバル全体や各作品に浸透していたことだ。例えば、会期中のみ設営される建物は木枠とマッシュルームの壁でつくられ、閉会後には分解・コンポスト化できる解体を踏まえた設計だった。ちなみにファッション・フォー・グッド（154頁）でもマッシュルーム製ドレスが紹介されている等、キノコ素材は熱心に研究が進められている。また会場で異彩を放っていたのは「Walk in Fridge《ウォークイン・フリッジ》」と呼ばれる、来場者が入れる大きさの非電化冷蔵庫。冷蔵庫自体を地中に埋めることで地中の冷温を活用し、地域で冷蔵庫を共有するというコンセプトだ。さらにKLMオランダ航空が開発中の、客室と飛翼を一体化し飛行効率を向上させた「Flying-V《フライングV》」の試作機も展示され、実際に快適な座り心地を体験できた。また当時最新版であった「フェアフォン3」の展示も行われていた。外壁用タイルや女性用アクセサリー、燃料等、コーヒーかす由来の製品だけが展示されたエリアは100m^{2}ほどの広さに設けられていた。また近年では、麻がコットンの代替素材として研究され、会場では実験的な衣服が展示されており、サステナブルウェアとしてアムステルダム市内でも取り扱い店が現れてきている。麻は欧州の気候でも栽培可能で、水の使用量が大幅に抑えられ農薬が不要で生育が早いという特徴がある。さらに技術の発展により柔らかい風合いの実現が可能で、僕が日常的に着ている麻100%のTシャツも、夏に欠かせない存在だ。

エクセス・マテリアルス・エクスチェンジ（Excess Materials Exchange）

廃棄物のマッチングプラットフォーム

20年以上に渡って森の生態系を調査しているドイツ人研究者のペーター・ヴォールレーベン（Peter Wohlleben）氏によると、森に生息する菌たちは土壌の中で無数のネットワークを張り巡らせているという。[*25] 初めはほんのわずかな数の菌でも、時間をかけて数㎢の範囲にまで広がり、例えば森の土をティースプーンですくうと、その中に数㎞の長さにも及ぶ菌糸が含まれていることもあるらしい。森の木々はこの張り巡らされた菌糸のおかげでお互いに情報伝達でき、やがて菌糸は森の中でなくてはならない存在になる。

森の中で木と木を有機的に結びつけている菌糸のように、オランダ国内で行政、企業、銀行の間に新しいネットワークを張り巡らせ、もはやなくてはならない存在にまで影響力を広げている企業がある。２０１６年に創業したばかりの、「エクセス・マテリアルス・エクスチェンジ（Excess Materials Exchange)」だ。

エクセス・マテリアルス・エクスチェンジは、企業や行政から処分方法に悩んでいる廃棄物情報を共有してもらい、再活用のアドバイスや、資源として活用できそうな企業や分野を提案するコンサルティング業務を展開している。この活動によってオランダ国内では、従来繋がりのなかった異分野同

＊25　ペーター・ヴォールレーベン著・長谷川圭翻訳『樹木たちの知られざる生活』（早川書房、2018）

士の企業が「廃棄素材」を通じた新たなビジネスパートナーとして共創関係を結ぶ例が生まれている。２０２１年5月現在で既にスキポール空港やフィリップス、オランダの鉄道を管理するプロレイル（ProRail）、そしてアムステルダム市といった、オランダを代表する大手企業や行政と提携を結んでおり、さらに、公民連携組織であるAmsterdam Economic Boardや、サークルの事例で紹介したメガバンクのABN AMRO（102頁）も資金面で活動支援を行っている。このようなエクセス・マテリアルス・エクスチェンジの取り組みは、海外からも注目を集めており、アメリカのマサチューセッツ工科大学による「MIT Technology Review」や、「Accenture Innovations Awards」を受賞している。

エクセス・マテリアルス・エクスチェンジは経営理念に「『廃棄物』という言葉を辞書からなくすこと」を掲げ、実質的に廃棄物が出ない社会構造の構築を進めている。創業者のマイケ・アイメ・ダメン（Maayke Aimée Damen）氏は元々、年々希少化する資源が簡単に廃棄されてしまう状況に疑問を感じていた。そこで、従来は企業秘密として表に出されなかった廃棄物情報を企業に共有してもらい、自社のネットワークやノウハウ、コンサルティングスキルを通じて「廃棄物」を「資源」として再活用し新しいビジネスや企業間の共創をサポートする企業を立ち上げた。

「エクセス・マテリアルス・エクスチェンジ」の社名には、彼女らの経営理念と手法が込められている。自然界では何かが何かの資源として活用され続け廃棄物がないという考え方を現代社会に応用し、「余剰な（Excess）」「資材（Materials）」を「（企業間で）交換する（Exchange）」ことで、「廃棄物」という言葉が必要ない社会構造をつくりあげようという意思が表現されているのだ。

現代型の廃棄物管理から生まれる新しいビジネスチャンス

エクセス・マテリアルス・エクスチェンジのアプローチは、次の4つのステップに沿って行われている。

1．「リソース・パスポート（Resource Passport）」

現代社会に流通するほとんどの製品は、いくつもの化学物質や原料が混ぜ合わされてできているが、市場に流通した後は、使用されている物質や加工・製造の工程は分からなくなり、再活用が難しくなるケースが多い。そこで、エクセス・マテリアルス・エクスチェンジでは、QRコードやブロックチェーンの技術を応用し、全ての製品に対して原材料や加工情報、使用期間や使用場所を記録。誰もがこれらの正確な情報を確認・更新できるデジタル記録帳「リソース・パスポート（Resource Passport）」の作成を進めている。訪れた国や日付、滞在期間、利用した空港等の情報が後から見ても確認できるというパスポート（旅券）の機能に似ていることから「資材（Resource）」の「パスポート（Passport）」としての呼称だ。

2．「トラッキング&トレーシング（Tracking & Tracing）」

「追跡（Trace）」と呼ばれるこのステップでは、リソース・パスポートで作成されたデジタル情報が、QRコードやバーコードでそれぞれの製品に掲載され、そのQRコードを読み取ることで後世の人々が正確な情報を得られる。今後ブロックチェーンでこれらの情報の保護が実装化され改ざんが不可能な情報環境を構築するため、エクセス・マテリアルス・エクスチェンジでは技術開発が進められている。

3．「評価観測（Valuation）」

このステップでは、ある資材や製品が廃棄されず資源として再活用された場合の、経済、地球環境、社会といった各側面での影響が数値化され評価観測に使われる。温室効果ガスや水の削減量といった環境面だけでなく、新規事業でもたらされる実際の経済効果予測も数値化されている。

4．「マッチング・プラットフォーム（Matching Platform）」

上記の3段階のステップで得られた原材料情報や使用年数等のデータをもとに、「廃棄物」を「資源」として活用する企業とマッチングされるのがこのステップだ。基本的に、リデュース∨リユース∨リサイクルの順に経済効果も環境負荷軽減効果も大きいとされているため、マッチングもこの優先順に行われる。将来的にはこのマッチングプロセスにＡＩを導入し、廃棄物情報に合わせて自動でマッチング先の候補が表示されるシステムを開発中だという。

廃棄物情報の共有から生まれたビジネスの事例

【スキポール空港の廃棄物分析】

スキポール空港では、２０３０年までに実質的に廃棄物をなくす「ゼロ・ウェイスト」と、２０５０年までの「完全サーキュラー化」が目指されている。アムステルダム市がサーキュラーエコノミー政策に掲げている「2050年プラン」との目標年が同じだけでなく、「完全サーキュラー化（Fully Circular）」というキーワードも同様に使用されており、官民がお互いに意識をして足並みを揃えている姿勢が分かる。

このような目標を掲げ、現在排出されている廃棄物の再活用を積極的に進めているスキポール空港は、エクセス・マテリアルス・エクスチェンジが進める事業との相性が良いと判断し、彼らと協業することを決めた。具体的には、まずエクセス・マテリアルス・エクスチェンジがスキポール空港の「マテリアル・フローアナリシス（資源流動分析）」を行い、スキポール空港から排出される廃棄物の経路、種類、廃棄工程を調査した。これにより、廃棄物の中で大きな割合を占めるものから最も効果的な方法で再資源化することを試みた。

【観光地のチューリップから生まれた顔料】

オランダといえばチューリップが馴染み深いように、春のオランダにはチューリップ畑を見学しに多くの観光客が訪れる。しかし、見ごろを終えたチューリップには刈り取りや処分の費用が大きく掛かっており、長年チューリップ畑の管理者を悩ませていた。

エクセス・マテリアルス・エクスチェンジは廃棄になるチューリップを調査し、染料として再活用する事業モデルを検討した。その結果、チューリップ畑1ha当たりから800kgもの染料が採取でき、オランダ国内の全てのチューリップを活用できれば、1・5兆ユーロ（約195兆円）分の染料がつくり出せることが判明し、事業化が進められている。

【水に含まれる有機物の販売】

オランダの水道会社であるヴィテンス（Vitens）は、利用者から「水に色が付いている」とのクレームを度々受けていた。この色はある有機物特有のもので人体には無害であるが、クレームが続いたため上水道にフィルターを設置して有機物を取り除き焼却処分するという対応を実施した。しかし、その処理工程に莫大な経費が必要となり、さらに実際は有用成分である有機物を処分してしまっていることも課題に捉えていた。そこでエクセス・マテリアルス・エクスチェンジは、有機物を購入したいという企業をマッチングし、ヴィテンスはコスト削減と新しいビジネスを通じた収益確保に成功した。

【果物からつくる革製品】

地域で廃棄されてしまうマンゴー等の果物を回収し、植物性の皮に加工するスタートアップである「フルーツレザー・ロッテルダム（Fruitleather Rotterdam）」は、エクセス・マテリアルス・エクスチェンジと提携しプラットフォームを活用することで、廃棄される果物をより幅広い企業から効果的に回収できるようになった。植物性の革は、シューズやカバン製造等の用途に幅広く利用され、人気を集めている。

―― Column ――

有機的に人が結びつく

SDG ネットワーキング・ディナー

オランダでサーキュラーエコノミーを進める企業との関わりが深まる中で気づいたことがある。本書でも紹介したような企業同士、お互いが気になりつつも深くは繋がっていなかったのだ。例えばMUD Jeansの新作発表イベントでは、食事の一部はInstockが用意しメンバーも参加していた一方で、それ以外の場ではあまり関わりがない様子だった。また、何かのイベント後に簡単な立食形式でネットワーキングの時間はあっても、大人数の中なのでじっくり話を聞いて関係をつくることはしづらかったりする。

そこで僕は、「SDG Networking Dinner」というイベントを週末に月1～2回開催することにした。会場は僕の家で、「手料理の持参」を参加のルールにした。現地の知人たちは、地産地消やオーガニック食材に興味があり地域の農家とも関わりたいと思っている一方で、日々の忙しさのあまり料理の機会が減っていた。また「自分一人のためならわざわざ料理しないけれど、他の人と一緒に食べるときには作る」という意見も、このルールのきっかけになった。「時間がなければないなりに何がつくれるか」を考えることは、創造力と想像力を刺激する。もちろん忙しい人はワイン等の持ち寄りでもOKだ。

「この人とあの人が知り合ったら何か化学反応が生まれそう」と感じた知人に僕からメッセージを送り、また現地の起業家が集まるFacebookグループでも呼びかけた。コロナで開催が難しくなるまでに計8回ほど開催し、毎回10～15名に参加してもらった。多民族な都市であるアムステルダムらしく、食卓にはメキシコ、インド、オランダ、イタリア、中国といった各国の料理が並べられ、僕もほうとうや野菜の押し寿司、ほうれん草の胡麻和え等日本ならではの料理を振る舞った。日本企業に向けた視察イベント開催日には参加者にも加わってもらい、オランダでサーキュラーエコノミーやサステナブルなビジネスに真摯に取り組む起業家たちと有意義なディスカッションが行われた。実際に日蘭企業の新しい関係が生まれ、今後も日本企業と意見交換をしたいという声が出る等、国境を超えた交流になった。こうした、さりげないけれども有機的な人と人との出会いによって、新しい可能性が生まれるように感じる。

日本の実践

CHAPTER 4

Japanese Initiatives

3章ではオランダの様々な事例を見てきたが、各実践に共通するのは長年の社会問題や自社の課題からむしろ前向きなビジネスを産み出し、経済効果と環境負荷軽減、さらに関わる人々の幸福度向上を同時に達成しようとしていることだ。さらに先進的ビジネスモデルが確立できた場合には、同様の課題を抱える他の国や地域や企業へ展開し、知的財産を通じて事業のスケールアップを見込むことも可能であると分かった。これは、国内市場が小さいオランダと同様に、人口減少に伴い国内市場が縮小している日本でも応用可能なアプローチである。実際、2020年5月には経済産業省が「循環経済ビジョン2020」を公表し、サーキュラーエコノミー政策の基本方針が示された。また同年10月の「2050年カーボンニュートラルに伴うグリーン成長戦略」策定後には、2021年1月に経済産業省より「サーキュラー・エコノミーに係るサスティナブル・ファイナンス促進のための開示・対話ガイダンス」が公表され、同年3月には環境省・経済産業省・経団連による「循環経済パートナーシップ（J4CE）」が創設される等、サーキュラーエコノミーの体制構築が加速度的に進められている。

また世界の常識が刻々と変化していく中、企業は「地球には限界がある」という「プラネタリー・バウンダリー（地球の制約）」を前提にした上で早いうちに資源循環の仕組みを構築した方が、ビジネスチャンスを掴むことができリスクマネジメントにも繋がる。本章では、日本でこうした状況を先読みし既に実践し始め、今後他国へも好事例を示していく可能性を秘めた取り組みを紹介したい。

黒川温泉一帯地域サーキュラー・コンポストプロジェクト

「競争」よりも「共創」が支える観光業

黒川温泉は熊本県阿蘇郡の南小国町に位置しており、近年は年間約90万人が訪れる等日本有数の温泉街として人気を集めている。新型コロナウイルス以前は、4分の1に当たるおよそ7・5万人をインバウンドが占めており、国外の人気も高い。全国的には補助金が主な運営資金である温泉街が多い中で、黒川温泉は後述する入湯手形や各種イベント開催等による事業収入を運営資金の核としており、ビジネス手法の側面からも注目されている。黒川温泉の特徴的な事業戦略の背景には、地域で受け継がれてきた環境保全活動と関わる人々の幸福度の向上を第一に考えた真摯な取り組みがあった。

黒川温泉で本格的な温泉街整備と訪問客誘致に向けた地域づくりが始まったのは、1986年のことである。その際、「一つや二つの旅館が独占勝ちするような状況ではなく、お互いに支え合うことで黒川温泉全体として繁盛していこう」という「黒川温泉一旅館」の理念

現地の様子は
こちらから

©Kodai_Oka

が掲げられた。「入湯手形」がその代表的な取り組みであり、1枚1300円（2021年5月現在）で購入すると、どの旅館の温泉でも3つ楽しむことができる。入湯手形が生まれた背景には、当時二つの旅館で立地的に露天風呂の建設が難しく、その際に「数軒だけで儲かるのではなく、地域全体で黒川温泉郷を盛り上げたい」という考えに合意があったという。近年、入湯手形は年間およそ6・5万枚販売され、観光業を大きく下支えし黒川温泉を象徴するサービスとなった。

また黒川温泉では、「シェアリングエコノミー」という言葉が社会で使用され始める以前から、全旅館で外履きや傘の貸し出しの統一が進められてきた。これにより利用客が湯巡りをして複数の温泉を楽しんだ際に、自分の外履きや傘が分からなくなったとしてもどれでも利用できる。また意匠の統一にも繋がり、温泉街全体の景観向上にも結びついている。

環境への取り組みが、経済効果と人々の幸福度の向上に

「黒川温泉一旅館」と並び、黒川温泉で代々大切にされてきた考え方に「風景づくりは地域づくり」がある。これは、地域のどの露天風呂でも景観を楽しんでもらえるよう「絵になる風景づくり」が主眼に置かれ、景観政策を通して温泉街としての魅力向上を目指すものだ。そこでは、元々地域に生育していた植物を調べた上での景観づくりが大切にされた。また「黒川温泉一旅館」の考えとも並行し、温泉街全体は一つの「宿」と見立てられている。全ての通りは宿の「廊下」、一軒一軒の旅館は黒川温泉全体の「客室」。周辺に生育する植物は「大きな一つの宿の中庭に植わる樹木」と捉えられ、統一感ある地域づくりが進められていった。

周辺環境を大切にする認識が地域一帯で共有されているのには、近くを流れる筑後川源泉に要因があると黒川の人々は口を揃える。黒川には「本来自然に境界線はなく、行政区分を超えて周辺地域皆で景観保全のために協働しよう」という姿勢があり、隣接する小国町や大分県竹田市とも連携する。こうした連携は旅館全体のサービスの質や訪問客の満足度向上にも繋がり、まち全体がグッドデザイン賞（２００７年）を受賞する等、観光業としての評価に発展している。

黒川温泉と3章で取り上げたオランダの企業の間に見られる共通点は、地域課題から自分たちに適した仕組みを模索し、実験的かつ真摯に取り組んでいることである。結果として地域では個々の「競争」よりも全体での「共創」が目指され、環境への取り組みが観光業の利益創出や関わる人々の幸福度の向上に繋がるという「3つのP（Planet / Profit / People）」が追求されている。

また、黒川温泉が属する熊本県南小国町では、アムステルダム市同様に２０５０年までの「南小国町共有ビジョン」が公表されており、長期と短期の双方のバランスの取れた視点から、より良い地域づくりが進められている。時代の短期的な流行り廃りよりも長期的な視点で地域の本質的な魅力向上に取り組んできたことで、リーマンショック、熊本地震、インバウンドの増加、そして新型コロナウイルスといった時代の変化の中でも、着実に成長を遂げることができている。

プロの農家の視点を取り入れたコンポストプロジェクト

私は２０２０年の春に黒川温泉事務局長の北山元さんと初めてお会いし、前述のような黒川温泉の取り組みについて伺った。欧州のサーキュラーエコノミー分野で鍵とされている要素との共通点の多さに驚くとともに、日本で実践する可能性を大いに感じられた瞬間でもあった。その中で、黒川温泉が長年抱えていた課題に関して、サーキュラーエコノミーが有効な解決策になり得るものが浮かび上がってきた。旅館における食品残渣の「生ごみ」と、植樹による景観づくりに力を入れていることで毎年秋に生じる大量の「落ち葉」である。

サーキュラーエコノミーの考えを応用し、この2つをそもそも廃棄物とせず、資源として活用し続ける仕組みづくりができないかと考えていた際に、農家兼コンポストアドバイザーとして活動する知人の鴨志田純さんが頭に浮かんだ。彼と私は東日本大震災直後に石巻で長期ボランティアとして活動する中で知り合い、その後も関わり続けていた。彼は後述する「CNBM分類」という理論に基づき、地域で本来廃棄されてしまう未利用資材を活用した完熟堆肥を仕込んで生産者に供給する活動を行っており、その堆肥はプロの農家からも高く評価されている。彼自身の農園でも自家製の完熟堆肥だけを用い、栽培した野菜は東京・神田の「ブラインド・ドンキー（the Blind Donkey）」等一流のレストランでも好んで使用されている。

まさにサーキュラーエコノミーを体現する彼の技術を応用することで、黒川温泉で出る生ごみと落ち葉も、その他の活用されていない地域廃材と一緒に有効な資源として利用できるのではないか。また、私が世界中のコンポストの取り組みを調査した中でも、科学的知見を取り入れプロの農家目線で完熟堆肥づくりが行われている例は見つかっていない。つまり、黒川温泉でつくりあげたサーキュラーエコノミーの仕組みを、先行事例として他の国々へ普及させていく可能性を感じた。その後、改めて北山さん、鴨志田さんと黒川温泉観光旅館協同組合事業部長を務める北里有紀さんと4人で打ち合わせをし、まずは30のうち8つの旅館から出る生ごみの完熟堆肥化を進め一つのモデルをつくりあげる

1. 地域のみんなで床材の仕込みを行った　2. 堆肥づくりの講習会には毎回様々な分野の方が参加
3. 完熟堆肥（左）と従来の方法（右）で育てたかぶ。生育と味に明らかな違いが見られた
4. 2021 年 2 月に発売した完熟堆肥。3.5ℓ で 660 円　5. 地域資材のみで仕込まれる床材

ことが目標とされた。早速、北山さんが観光庁から予算を獲得し、鴨志田さんと私がそれぞれコンポストとサーキュラーエコノミーのアドバイザーとしてチームに加わる形で、プロジェクトが始まった。2020年9月のことだった。黒川温泉一帯におけるサーキュラーエコノミー政策としてのコンポストプロジェクトが開始されたのだ。

「CNBM分類」に基づいた完熟堆肥づくり

鴨志田さんによると、日本の農業が抱える課題の一つには、農家目線で野菜づくりに適した肥料が手に入りにくいことがあるという。現在、「汚泥」「がれき」とともに日本の産業廃棄物の大部分を占めている「動物のし尿・畜フン」。肥料市場はこの処理に困った畜フンを活用するための受け皿として機能してしまっているが、畜フンが主成分の堆肥は必ずしも野菜栽培に適しているわけではない。そのような堆肥は土壌を窒素過多の状態にし、逆に野菜が弱り虫が湧き農薬を撒く必要が生じてしまうのだ。また、現在流通している肥料のほとんどは、製造時間とコストを省くために後述する二次処理が行われていない未熟堆肥であり、さらに赤土のように養分吸着力のある資材が含まれていないため、雨が降ると養分が流亡する。農家にとっては追肥の頻度が増えることで時間や費用等の負担が増え、また肥料が雨に流されると水質汚染にも繋がってしまう。このような状況を踏まえ、鴨志田さんは次のように話す。

「本来、野菜栽培に適した肥料づくりには、『窒素資材』以外にも、もみがらに代表される『炭素資材』、貝殻や海藻等の『ミネラル資材』、赤土のような養分吸着資材、そして土着菌が生息する落ち葉等を用いた『微生物資材』を科学的なバランスを整えて仕込む必要があるのです」。

この技術は、「炭素（Carbon）」「窒素（Nitrogen）」「微生物（Bacteria）」「ミネラル（Mineral）」の頭文字を取って「CNBM分類」と呼ばれており、彼の師匠であり長年実践的土壌研究を進めている橋本力男さんによって考案された。橋本さんはCNBM分類による科学的知見を取り入れた堆肥づくりの功績が評価され、２００８年に農林水産省から「農業技術の匠」を授与されている等、日本の堆肥づくりにおけるパイオニアである。

また堆肥づくりには、水分量と養分を調整する「一次処理」と、微生物の発酵により60℃以上まで温度を上げて大腸菌やサルモネラ菌等を確実に死滅させる「二次処理」の工程があるという。鴨志田さんによると、世の中に流通する堆肥のほとんどが一次処理しかされていない「未熟堆肥」と呼ばれるものだそうだ。プロの農家の目線では、きちんと二次処理までされた堆肥でなければ野菜づくりに使えない。

食卓から農場へ、Table to Farmで新しい循環をつくる

打ち合わせの中で特に印象的だった瞬間がある。それは、北山さんが「黒川温泉では景観づくりに力を入れているが、その分毎年秋に出る大量の落ち葉の処分に困っている」と話した際の、鴨志田さんの返答だ。

「落ち葉は完熟堆肥の仕込みに欠かせない資材であり、まさに「宝」です。落ち葉には良い堆肥づくりに欠かせないその土地の土着菌が住み着いており、美味しい野菜づくりの鍵にもなります」。

表4―1は完熟堆肥づくりにおいて主な資源となるものをまとめた表である。通常私たちの身の回りで廃棄処分されているものが、実は堆肥づくりでは貴重な資材であることが分かる。

落ち葉やその他廃棄物を用いて地域で完熟堆肥を仕込めれば、農家は農薬や化学肥料を購入しなくとも提供された完熟堆肥だけで美味しい野菜づくりができる。完熟堆肥で栽培された野菜を旅館で調理・提供し、発生した食品残渣を再び完熟堆肥にして農家に供給することで、「地産地消」よりも一歩進んだ「地産地〝循〟」の仕組みを地域全体でつくれるのだ。またCNBM分類に基づく完熟堆肥づくりは、資材の配合割合や水分量、温度調整や切り返し作業等を一つずつ覚えていくことで、誰でも習得できる技術であり、いずれ鴨志田さんが現場を離れても、地域の方々だけで回してもらえる汎用性の高い仕組みづくりができるのも優れた点である。

「コンポストをやってみて堆肥ができたけれど、農家さんに使ってもらえない。使い道がない」という話をよく聞くが、これは、堆肥づくりの工程でCNBMのバランスが考えられておらず二次処理もされていない未熟堆肥だからである。しかし裏を返すと、CNBMのバランスを整えて二次処理まですれば、むしろ農家に重宝される品質の堆肥ができ、提供ルートが格段に広がる。

つまり、堆肥づくりでは、プロの農家目線の需要に応えるという出口の確保が肝心になるのだ。

表4-1　完熟堆肥づくりにおける主な資源

(C) 炭素資材	もみがら・麦わら・竹・バーグ（樹皮）・剪定枝・おがくず
(N) 窒素資材	生ごみ・畜フン（鶏フン・牛フン・豚プン）・魚のアラ・コーヒーかす・ジュースやワインの搾りかす・ビールかす・おから・廃食油・キノコの廃菌床
(B) 微生物資材	落ち葉・根っこ
(M) ミネラル資材	赤土・壁土・貝殻・甲殻類の殻・海水・ニガリ

誰かの悩みの種であった廃棄資材が、別の誰かにとっては貴重な資源となる。個々で競争するよりも、全体で共創する。北山さんと鴨志田さんの会話は、私がオランダで見てきた情景が、日本で重なって見えた瞬間だった。これまでは「農場から、食卓へ（Farm to Table）」と一方通行的だった資源の流れを、完熟堆肥を通じて「食卓から、農場へ（Table to Farm）」と循環の流れをつくることで、地域全体で生産者を支える仕組みができるのだ。

やりながら学んでいく、地域住民主体の堆肥づくり

まず私たちは黒川温泉の方々に向けて、サーキュラーエコノミーと完熟堆肥づくりについての勉強会と実習を毎月開催することに決めた。印象的だったのは、行政と民間、地元民と移住者が一体のチームとなって課題改善に取り組む強い団結力だ。前代未聞の挑戦には「learning by doing（やりながら学んでいく）」の姿勢が欠かせない。アムステルダムでも、オランダ人と移民、行政と民間がビジョンを共有し近い距離で活動することに大きな重点が置かれており、ここでも黒川温泉とアムステルダムに共通する点を見つけることができた。

2020年9月末、初回の実習と勉強会には黒川温泉事務局、旅館組合、行政職員、農家、地元住民の方々が参加された。使用される資材には、黒川温泉の20㎞圏内から集められた落ち葉やもみがら、米ぬか、赤土が用意された。これらを用いて準備される「床材」（生ごみを腐らせずに減量・減容させるための副資材）へ後日生ごみが投入され、定期的な切り返し作業を経て完熟堆肥ができあがる。完成までに要する期間はおよそ3〜4ヶ月ほどだ。この日、それぞれの資材の配合割合と水分量を皆

で確認しながら作業が進められ、二時間ほどで床材の仕込みが完成した。まだ半信半疑でありつつも、この実験的な取り組みの可能性に皆楽しみを隠しきれない様子だった。床材が正しい割合で仕込まれ微生物による発酵作用がうまく始まれば、翌日には温度が上がり始めるはずである。[*1]

床材の仕込みから一夜が明けた。皆、床材のことが気になりすぎて寝不足気味だった。既に空気が冷え始めている9月の終わりに、電気も熱源もなく廃材の温度が上がっているというのはどうにも信じられない。しかし一方でこのプロジェクトの可能性はたしかに感じていて、床材の温度を確かめに歩く一行からは高揚する気持ちが伝わってきた。

前日に仕込んだ床材に手をズボッと入れてみると、温泉に手を入れたときのような温かくて気持ちいい感触が伝わってきた。温度計は42〜43℃を指し、腐敗臭はせずに自然な土の香りがする。成功だ。皆、「本当だ！あったかーい！」「砂むし温泉みたい！」と歓声を上げている。このまま発酵が進み、午後には60℃から70℃の間で落ち着いた。

その後翌月から、８つの旅館から出る生ごみ計４３２kgが４３２ℓの床材に投入され、発酵・分解が進められていった。そして順調に二次処理の工程まで終わり、２０２１年2月に堆肥が完成した。できあがった堆肥は4軒の農家へ送られ、7月頃には従来の方法で育てた野菜と生ごみ完熟堆肥で育てた野菜の味比べを行う予定だ。また黒川温泉の新たな特産物として、温泉の湯分をミネラル資材として混合した堆肥と培養土の販売も開始した。2月末にオンラインで販売を開始した完熟堆肥と培養土は、注文が殺到しわずか5日で完売した。さらに完熟堆肥は周辺の樹木育成にも活用されている。

©Kodai_Oka

＊1　参考までに、この時の床材づくりに使われた資材量は次の通りだ。
落ち葉：48kg、もみがら：96kg、米ぬか：96kg、赤土：192kg

黒川温泉から世界に示す先進モデルを

公共コンポストが設置されているアムステルダムでも、法律で生ごみ廃棄が禁止されコンポスト化が促されているアメリカのバーモント州でも、実は黒川温泉のようにしっかり二次処理まで行い野菜栽培に適した堆肥を仕込むという農家の目線は欠けてしまっている。例えばアムステルダムで進められているミミズコンポストは、ミミズが食べてくれるため生ごみの処理が早い一方で、60℃以上の高温熱での二次処理が行われていないため大腸菌やO-157、雑草の種子が死滅しておらず、野菜栽培に適しているとは言い難い。また農家にとっては、たくさんのミミズを畑に撒くともぐらを寄せつけてしまうというデメリットもある。つまり堆肥の活用ルートを広く確保するためには、ひと手間を掛けてでもCNBMバランスを整え二次処理まで行うことが欠かせない。ちなみに、2021年4月からは黒川温泉の完熟堆肥で栽培したベビーリーフやレタスの収穫が始まったが、農薬や化学肥料のコストカットに加えて、従来の方式で栽培したものよりも明らかに生育がよくうま味があった。私が知る限り、オランダでもアメリカでも生ごみでできた完熟堆肥が野菜の生育やうま味に繋がっている例はなく、今後は科学的知見を取り入れるために大学等の研究機関と協働し、土壌や栄養価を分析していく予定だ。

このようにZoom outの視点で世界のコンポストプロジェクトの現在地を確認した上で、Zoom inの視点で黒川温泉が進める完熟堆肥づくりを観察すると、橋本さんや鴨志田さんの技術に基づいた黒川温泉での先進的なモデルをこの先世界に示していけるという道筋が見える。環境政策に観光業、資源循環を軸に据えた地域づくり、伝統食材の継承等、多様な面からサーキュラーエコノミーに関わる国際的な関心を集められるだろう。さらに、完熟堆肥で美味しい野菜をつくり旅館で提供できれば、宿泊客の満足度やリピーター率の向上にも繋げられることも考えられる。

こうした自分たちの取り組みが世界の先行事例になり他の国々の課題解決に寄与し得ることは、地域関係者のやりがいにも結びついている。黒川温泉での「黒川温泉一旅館」や「風景づくりは地域づくり」という理念は、地域課題や周辺環境への取り組みが巡り巡って観光業や人々の幸福度の向上にも繋がるという点で「3つのP」の考え方に即しているのだ。

なお、2020年9月に取り組み始めてから2021年1月に完熟堆肥が完成するまでの様子を収めた「黒川温泉一帯地域コンポストプロジェクト」の映像は、農林水産省・消費者庁・環境省が主宰する「サステナアワード2020」にて「環境省環境経済課長賞」を受賞した。表彰式では、環境省の西村治彦環境経済課長より「環境省が進めている『地域循環共生圏』やサーキュラーエコノミーのまさに好例である」という評価をいただいた。

生ごみや落ち葉、もみがらといった地域の悩みの種を宝のような資源として活用することによって、人々の間に新しい関わりが生まれ、美味しい農作物が産出され、観光業の価値向上や魅力ある地域づくりに繋がっていく。黒川温泉から海外へ発信するという長期的なヴィジョンを持ちながらも、「learning by doing（やりながら、学んでいく）」の精神で一つずつ丁寧に資源循環の完成度を高めていきたい。

Column

サーキュラーエコノミー政策
として進める

公共コンポスト
プロジェクト

黒川温泉をはじめ、鹿児島県霧島市、京都府美山町、企業や大学の食堂等、僕と鴨志田さんは現在様々な地域で公共コンポストプロジェクト（食品残渣の完熟堆肥化を通じた地域農家支援）を進めている。その中で、次のような三方良しの仕組みができることがわかった。

●助燃材・焼却処分場の削減

生ごみはそのままでは燃えないため助燃剤（重油）が使われているが、その輸入や焼却処分場の建て替えには膨大な税金が投入されている。コンポストの導入は大幅な節税のほか、温室効果ガスの削減、大気汚染の低減にも繋がる。

●ごみ回収頻度の削減

生ごみを活用できれば、可燃ごみの回収頻度を大幅に削減できる（紙類やダンボール等は腐らないため）。

●給食のオーガニック化

農薬や化学肥料に頼らない野菜づくりは、学校給食のオーガニック化にも繋がる。養育環境の充実や、水や空気が綺麗なまちとして、地域全体の魅力向上や移住者と観光客誘致のPRもできる。

●廃校の活用と災害時機能の向上

コンポストは廃校活用とも相性が良い。学校は地域の中心にあるため、生ごみや落ち葉など地域資源を集めやすい。また災害時にコンポストトイレを提供でき防災にもなる。校庭は「鳥羽リサイクルパーク」（三重県鳥羽市）のように、ドライブスルー形式の資源集約拠点として活用できる。

●栄養素が循環する土づくり

荒廃した土壌には二次処理を経た完熟堆肥を活用することで栄養分を再生でき、雨でも栄養素が流亡しない土づくりが可能になる。農家にとっては降雨後の追肥の頻度が減るため時間とコストが節約でき、より美味しく栄養価の高い野菜を安定的に届けられる。

●人間関係の発酵

コンポストプロジェクトは、様々な方が関わり互いに頼り合わなければできない取り組みだ。堆肥化に必要なもみがらを提供してくださるお米農家。堆肥づくりを進める地元住民。完熟堆肥を使う農家。野菜を調理する飲食店。飲食店に訪れる利用者。こうした連鎖を経て、これまで関わり合いのなかった人々がコンポストを通じて有機的に結びつく。まさに人間関係の発酵が起きていると感じる。

Pizza 4P's

サステナビリティを美味しく学ぶ

サーキュラーエコノミーが目指す「廃棄を出さずに資源として活用し続ける仕組みづくり」をレストランビジネスへ導入している事例として「Pizza 4P's」を紹介したい。Pizza 4P'sは、益子陽介さんと高杉早苗さんが2011年にベトナム・ホーチミンに創業したピザレストランだ。当時ベトナムには本格的なピザレストランがなかったことも背景に、本場ナポリのスタイルで窯で焼いたピザを提供するPizza 4P'sは、オープンからまもなく屈指の人気店となった。

また、従来ベトナムで販売されていたチーズはフランスをはじめとする欧州各国からの輸入品だったが、彼らは自社でチーズ工房を現地につくりチーズの生産を進め、契約農場からチーズの原材料や有機野菜の調達も開始した。本場イタリアの伝統的な調理法を守りながらもベトナムの地産食材を大切にした味はさらなる人気を集め、2011年にはトリップアドバイザーのベトナム全土のレストランを対象にしたランキ

現地の様子は
こちらから

©Kodai_Oka

ングで一位を獲得、２０２１年にはアジアベストレストラン50の特別賞である「Essence of Asia」を受賞するまでに成長した。２０２１年5月現在、ベトナム全土に22店舗を構え、今後は日本や周辺各国への進出も視野に入れている。

近年ではTHE NEW YORK TIMESやＢＢＣ、Forbes 等海外メディアからの注目度も高まっているが、その要因には抜群の美味しさや一度は訪れたくなる空間デザインに加え、サステナビリティをビジネスの軸に据えていることがある。また、Pizza 4P'sでは「エデュテイメント（Edutainment = Education + Entertainment）」というコンセプトが大切にされており、店舗には利用者がサステナブルに関する新しい気づきや学びを自然と得られるような仕掛けが随所にある。後述する「アクアポニクス」やガラス瓶のリターンプログラム、「土に還る袋」等だ。またピザ窯には、子どもが自分たちでピザ生地を投入し焼けている様子を覗くことができる高さのものがある。実際に私が店舗を訪れた日には、地域の小学生向けの食育ワークショップが開催されており、子ども達は窯の内部でピザが焼ける様子をくぎづけになって見守り、焼き上がる度に歓声をあげていた。２０２０年に開催したワークショップには、約３０００人の子ども達が参加したそうだ。

ゼロウェイストの仕組みが導入された店舗

２０１９年にオープンしたスァン・トゥイ（Xuan Thuy）の店舗では、建物の設計段階から食品ロスが出ないモデルが検討され「アクアポニクス」の導入が決められた。アクアポニクスは次のように機能している。まず、調理過程で出てしまう食品残渣をコンポストでミミズに処理してもらう。ミミズが育つと、レストランに併設された池で飼われている魚の餌になる。魚が排出したフンはフィルターに掛けられ、栄養素だけが屋内菜園の野菜やハーブへチューブで与えられる。こうして育てられた新鮮な野菜やハーブは、レストランでの調理だけでなく、ワークショップの際に子ども達や参加者が収穫し、ピザのトッピングにできる。

このアクアポニクスの仕組みによって、店舗では将来的にフードロスをゼロにすることが目指され、現状でも廃棄コストの低減に成功している。また、鮮度が命になるクレソンやルッコラ等は輸送の段階で傷みが出やすいが、Pizza 4P'sではレストランに自家菜園を併設することによってより新鮮な食材を、余すところなく活用できる。これは、結果としてこのお店でしか食べられない味を生むことにも繋がっている。

さらに2020年8月からは、店頭で販売されているヨーグルトやプリンのガラス瓶の回収プログラムが開始された。高い返却率を達成するためにとにかく魅力的な「リターン」が求められ、そこで考案されたのが、ガラス瓶一個の返却につきストリングスチーズ一本、ガラス瓶2個の返却でヨーグルトかプリンを一個を提供するというプログラム。当然、この仕組みでは瓶が返却されればされるほど赤字になってしまうが、Pizza 4P'sでサステナビリティ部門の担当を務める永田悠馬さんによると、「顧客の店舗誘導に効果的」という社内意見が出て、実験的な採用に至ったという。ガラス瓶のリターンプログラム単体では赤字だが、瓶を返却するついでにレストランを利用してもらうことで売り上げの増加が期待できる、という発想だ。結果、この返却プログラムを開始して以降、ガラス瓶は高い返却率を保ち、レストランの利用者数も伸び、さらに間接的には、廃棄物処理に費やされている税金負担を軽減し、温室効果ガス排出量の削減にも貢献しているという三方良しのモデルができあがった。

1. スァントゥイ店の開放的な建物。ベトナム在住建築家の西澤俊理氏が手掛けた
2. 1階のワークショップスペースに子ども用ピザ窯があり、2階（写真左上）が一般の飲食スペースだ
3. 子ども達が好きなトッピングを乗せられるピザづくりワークショップ
4. 循環をテーマにした新店舗に導入されたミミズコンポスト
5. レストランに隣接した屋内菜園の新鮮なハーブ類は収穫してすぐに食べられる

全て ©Shoko Sato（RIDE MEDIA&DESIGN Inc.）

なお2019年には、スァン・トゥイ店に太陽光発電システムが導入された。必要な電力の10％を補い、残りの90％は外部電力から得られる。2019年2月中旬から設置計画がスタートし、見積もりや交渉、契約を経て完工したのは5月末。施工工事は2日で済んだが、中国からパネルを輸入するのに1ヶ月を要した。太陽光発電システムの導入を決めた理由について、永田さんは次の3つを挙げる。

1：経済的理由
2：「エデュテインメント」というコンセプト
3：企業としてサステナビリティを推進するため

このうち「経済的理由」に関しては、導入されたソーラーパネルの耐用年数25年に対し投資回収は3年で済むと見積られており、電気代の大幅な節約が期待されている。実際の発電が予想量に満たなかった場合に備え、設置会社とは発電量保証契約が結ばれた。また、Pizza 4P'sが大切にする「エデュテインメント」のコンセプトも今回の設置を後押しした。店舗に設置されたソーラーパネルが従業員やお客さんの目に触れることによって、気候変動に対して少しでも考えを深め話題にする、きっかけづくりの意図がある。そして、Pizza 4P'sが掲げる「Make the World Smile for Peace」というビジョンを達成するには、いっそうのサステナビリティ推進が不可欠であるということが、最後の決め手となった。

またこの時、サステナビリティに関するアクションの取り組みレベルを計測する指標が導入された。参考にされたのは企業のサステナビリティ情報公開に関するガイドラインを提供する国際機関Global

Reporting InitiativeとSustainability Accounting Standards Boardが設ける基準であり、Pizza 4P's各店舗や各部署のサステナビリティレベルの数値化が進められている。これにより、取り組みの進捗を毎年可視化し、効果的なサステナビリティ向上が目指されている。

具体的には、電力・ガス・水の総使用量、リユース・リサイクルの実績、再生可能エネルギーの割合、地産食材やサステナブル認証取得済み食材の使用割合、児童労働関与の有無（創業時からなし）、従業員の男女比率、フルタイム労働者とパートタイム契約者の人数と割合等が数値化され示されている。「仕事／人生に満足しているか」という幸福度を数値化している点も興味深い。

Pizza 4P'sはこれらの数値化により現状を分析し、今後のサステナビリティの効果的な取り組みと経営方針の表明に繋げている。例えば、「現状約7割は地産食材だが、サステナブルな方法で生産された食材が少ない。これは地域に認証取得済みの生産者が少なく、また認証食材の導入による最終価格の上昇に要因がある」等の課題が公開された。これを踏まえ、いっそう詳細な生産者情報を公開し価値を伝える等、来店客が認証取得メニューを選びたくなるよう工夫されている。また、新たに取り扱い始めたサステナブルな取り組みをする生産者の情報も共有され、2020年には抗生物質不使用の養殖蟹、平飼い卵、オーガニック黒コショウ、無農薬のお茶、ナチュラルワイン等の生産者情報が新規公開された。

このように数値化・分析された情報は毎年「サステナビリティレポート（Sustainability Report）」として公開され、翌年以降の取り組みに活用されている。これは1章で紹介したマテリアル・フローアナリシス（77頁）と似たアプローチであり、またこのようなレポートの公開も、欧州企業間で一般化しつつある潮流と合致している。

生分解性袋を導入するまで

新型コロナウイルスで飲食店のデリバリーサービスの需要が世界的に高まった一方で、食品パッケージの廃棄量の増加が課題視されている。ベトナムのロックダウンを受けPizza 4P'sにもデリバリーに頼らざるを得ない時期が発生し、これまで以上に環境負荷のない素材への切り替えが模索された。

素材を検討する中で、いわゆる「生分解性プラスチック」と呼ばれる素材には、実際には何種類ものタイプが存在することが判明した。「その中から本質的にサステナブルな素材を探し出し、さらにそれを用いて商品化するまでには相当な労力が必要でした」と永田さんは振り返る。

少し専門的な話になるが、現在「生分解性プラスチック」と呼ばれる素材には、大きく分けて次のタイプが存在する。

・酸化型分解性プラスチック（Oxo-Degradable Plastics）：
通常のプラスチックに分解型素材が添加されたもの。分解された後には結局マイクロプラスチックになってしまうため、欧州では規制が検討されている[＊2]

・加水分解型生分解プラスチック（Hydro-Biodegradable Plastics）：
植物由来と石油由来のものが存在する。植物由来のものは分解しやすさによってさらに次の二つに分けられる

・工業分解型（Industrial Compostable）：
特殊な環境（60℃以上の高温多湿）でなければ分解しないため、主に工業用と見なされている

・家庭分解型（Home Compostable）：
微生物やミミズによって分解可能なため、一般家庭でも堆肥化が可能

＊2　Sustainable Brands "150 Companies, NGOs Call for Global Ban on Oxo-Degradable Plastic Packaging" https://sustainablebrands.com/read/chemistry-materials-packaging/150-companies-ngos-call-for-global-ban-on-oxo-degradable-plastic-packaging（最終閲覧 2021/5/28）

これらのうち、「家庭分解型」が一般的な生分解性プラスチックのイメージに最も近いが、実は導入率が一番高いのは、分解後にマイクロプラスチックになってしまう「酸化型分解性プラスチック」であり「家庭分解型」はそれほど高くない。さらに、分解試験は20℃ほどで行われるが、廃棄物処理所は沿岸部に多く海水温はほとんど20℃以下のため、海に流れ出たプラスチックは分解されずに海洋ごみになってしまうとの指摘もある。[*3]

Pizza 4P'sでは最終的に、キャッサバから抽出されたデンプンでつくられた袋が導入された。「家庭分解型」の認証を取得しており、家庭での堆肥処理にも対応している「土に還る袋」だ。商品を持ち運ぶ際の使い勝手も一般的なプラスチック袋と変わらない。なお、ベトナム政府は2025年までに使い捨てプラスチックの使用を禁止する意向を示しており、このように先んじて取り組むことで対応の遅れによるリスクを回避し、飲食業界全体へ一つの先進事例を示すことにも繋がっている。

ちなみに、「生分解性プラスチック」の複雑さとそれに起因した誤認は欧州でも課題視されている。エレン・マッカーサー財団が主導するイニシアティヴ「ニュー・プラスチック・エコノミー（New Plastic Economy）」は2017年に「酸化型分解性プラスチック」の廃止を求める共同宣言を発表し、ユニリーバ、ネスレ、ダノン、ペプシ、BASF等150を超える欧米大手企業やNGOが署名した。また、フランスでは「生分解性（Bio degretable）」という曖昧な表記が人々の誤解を招いているとして法律で規制をかける動きが見られ、イギリスでも企業から政府に対し同様の要求が行われている。

また、大豆やトウモロコシ由来の場合、原材料はアメリカやブラジルで大規模に生産されたものが多く、遺伝子組み換え作物を推奨する動きになりかねないと警笛も鳴らされている。さらには、現状多くの国のごみ分類には生分解性素材が含まれておらず最適処理されているとは言い難い。例えば、

＊3　NCBI "Biodegradable and compostable alternatives to conventional plastics" https://www.ncbi.nlm.nih.gov/pmc/articles/PMC2873018/（最終閲覧 2021/5/28）

「家庭分解型」であったとしても、可燃ごみに分類され他のものと一緒に焼却処分されてしまうと、「生分解性」というイメージほどはサステナブルにならず、企業や消費者に誤った認識を与えてしまう。

こうした世界的状況の中、前述の黒川温泉で紹介した堆肥づくりの「二次処理」は60℃以上で分解するという「工業分類型」の規格に合致しており、各地域に完熟堆肥の取り組みを普及させていくことは「工業分類型」と「家庭分類型」の双方を再資源化する取り組みとしても有効である。

Pizza 4P'sの取り組みやベトナムでの動向にも、欧州と類似する点がいくつも見られるように、サーキュラーエコノミーが経済と環境の双方で合理的な仕組みとして採用されているのはもはや欧州だけに留まらない。ガラス瓶のこれまでにない回収プログラムやアクアポニクス、子ども向けワークショップ等、まだ他の企業が行っていない取り組みを先進的に実践し優れたモデルを業界全体に公開・模倣してもらう姿勢は、マッド・ジーンズやトニーズ・チョコロンリーとも共通している。

日本を含めた他国への進出を計画するPizza 4P'sの取り組みは、今後どのように各国に広まるだろう。「Make the World Smile for Peace」を掲げる彼らの挑戦は、ビジネスとサステナビリティの両面で確実に影響力を拡大させている。

オニバスコーヒー（ONIBUS COFFEE）

高品質ビジネス展開のヒント

「オニバスコーヒー（ONIBUS COFFEE）」は２０１１年に東京の世田谷区奥沢に創業したカフェで、スペシャルティコーヒーの草分け的存在として知られている。系列店舗のAbout Life Coffee Brewersと合わせると２０２１年5月現在で5店舗を有し、世界有数のコーヒー豆産地であるベトナムにも進出し、高い人気を集めている。３章で前述したとおり、スペシャルティコーヒーとは、ＳＣＡ（Specialty Coffee Association）という国際的な評価基準をクリアした高品質なコーヒー豆だけを使用したコーヒーであり、２０１０年代以降世界各国に広まっていった。それ以前とは一味違うコーヒー文化を築いたことから「サードウェーブコーヒー（第三のコーヒー）」とも呼ばれる。

スペシャルティコーヒーは、特定の農園からのみ調達された「シングルオリジン」と呼ばれる浅煎りの豆が主流である。サプライチェーンや栽培条件、加工、品質等の情報を購入者に伝える透明性や、

©Kodai_Oka

安定した調達のために生産者と対等な関係を築くことが重視されるのが特徴だ。購入者は注文したコーヒーに使用されている豆の詳細情報を知り、農園の情景を思い浮かべながら豆の個性を楽しんだり、同じ淹れ方でも異なる豆を飲み比べたりできる。

オニバスコーヒーでは、豆の生産現場を実際に見ることや生産者の方々とコミュニケーションをとることを大切にし、これまでにコスタリカやエチオピア、グアテマラ等の農園を訪問している。その際にはわざわざ日本から器具を持参し、普段店舗で提供しているコーヒーを生産者の方にも味わってもらうこともあり、密に意見交換することで、より高品質で美味しいコーヒー豆の栽培や良い関係づくりに繋げているという。

通常コーヒー豆1kg当たりの相場が300円ほどと言われる中、オニバスコーヒーでは600円ほどとフェアトレードの基準以上を払うこともある。しかし、オーガニックやフェアトレードというメッセージは店頭にはあまり出されていない。その理由について、創業者の坂尾篤史さんはこう話してくれた。

「僕たちがお客様にまず楽しんでもらいたいのはコーヒーの味であり、お店の雰囲気です。ただ、注文する際には、メニューボードでそれらの情報を知ってもらえるようなさりげない工夫をしています。例えば、グアテマラやケニアのコーヒーには豆の情報以外にも、農園内に設けられた学校で農家の教育支援が行われていることや、農家への収益還元率等の詳細な説明書きが添えられています。ここまで詳細に書けるのは、やはり自分たちが現地に足を運んで生産者と関係をつくっているからだと思います。現地を見ている分だけ、人にも豆にも想い入れが大きいので」。

美味しさや店内の雰囲気づくりを一番に目指し、メッセージや取り組みについてはさりげなく伝え

1

2

3

4

1. 古材とガラス張りで絵になる外観（八雲店）
2. 古民家改築した店舗で２階も利用可（中目黒店）
3. 八雲店足元の古材は寺田本家で使われていたもの
4. コーヒー豆と農園情報が詳細に書かれたメニュー

全て ©Akihiro_Yasui

る。これは、3章で紹介したトニーズ・チョコロンリーやインストックとも共通しているポイントだ。仰々しい説明文が前面に出てしまうと、お店の雰囲気が崩れ、純粋にコーヒーを楽しみたいファンも訪れにくくなる。これは、バックパッカーとして世界中を旅していた際にオーストラリアのカフェ文化に魅了されコーヒーの世界に飛び込んだ坂尾さんらしい姿勢である。

「自分たちのメッセージを文字等ではっきりとは表記していないですが、商品や内装を通じて自然と店内あちこちに散りばめられています。お客様がそれぞれ自由に感じて、オニバスコーヒーを気に入っていただけたら嬉しいです」。

サーキュラーエコノミーの実験的取り組み

オニバスコーヒーの店舗では、サーキュラーエコノミーに即した数々の実践が自然と行われている。東京都目黒区・八雲店の入り口にある古材は、千葉県香取にある「寺田本家」の酒蔵で100年ほど使われていたものが再活用された。また、店舗から出るコーヒーのかすは「黒川温泉」で登場した鴨志田さんの協力を得て堆肥化し「コーヒーソイル」という培養土として販売しているそうだ。この培養土をハーブや野菜の種とセットにして、家庭のプランターでそのまま使ってもらえる商品の販売も検討されている。

この他にも、2019年より国内の店舗は全て「みんな電力」から供給される再生可能エネルギーへの切り替えが行われており、また、販売用コーヒー豆のパッケージもプラスチック製から生分解性容器へと変更されている。店内で利用されるコーヒーカップにはこだわりある作家さんの作品が使用され、傷やヒビは金継ぎで修繕をして使用し続けられる。[*4]

スペシャルティコーヒー業界で注目を集めるオニバスコーヒーが、このようにサーキュラーエコノミーの分野における実験的な取り組みを進めることは、他のコーヒーショップへの影響も大きい。今後は、他のコーヒーショップと共同で、加盟店であればどこでもテイクアウトのカップを返却&リユースできる仕組みにするという。これはベルリンのスタートアップ「リカップ（RECUP）」から学んだアイデアで、2021年前半にリリースする予定だそうだ。坂尾さんによると、切り替えるものによってはコストが割高になるものもあるが、今後事業規模が拡大することによって、長期的には採算が見込める見通しだという。

「自分たちが実験を繰り返す中で生まれた良い取り組みは、他のお店にも真似してもらえたらいいですね。ただ、やはり第一はお客さんに満足してもらえるコーヒーの味やお店の雰囲気があってのことなので、これからも美味しいコーヒーの追求を続けていきたいです」。

マッド・ジーンズやインストックは、サーキュラーエコノミーを進めることで自分たちがもはや特別な存在でなくなることを目指している。「コーヒーかすを捨てずに堆肥化するのは当たり前ですよね」「テイクアウト用のカップは他のお店とも共通で繰り返しリユースするものだよね」。オニバスコーヒーが目指すのはそんな社会だ。

＊4　ちなみに近年欧州でも、金継ぎに対して「壊れてしまったものを丁寧に修復し元々のもの以上の価値を与え、残す」という考えが高く評価され、「Kintsugi」として事業コンセプトに位置づけられることもあるほど注目を集めている。

フィル（ＦＩＬ）

日本の建築・林業をアップデートする

　1章で触れたように、欧州委員会はサーキュラーエコノミー政策の重点領域の一つに建築分野を挙げている。それは、建築分野から排出される廃棄物や温室効果ガスの量が特に多いことが一因にある。日本の産業廃棄物においても「汚泥」「動物のふん尿」と並んで建築廃材を含む「がれき類」が大きな割合を占めており、日本でサーキュラーエコノミーを進める上でも建築分野での取り組みが非常に効果的だと分かる。ここでは、日本の建築業界で始まっている本質的なサーキュラーエコノミーの取り組みを紹介したい。

　フィル（ＦＩＬ）は、熊本県阿蘇郡南小国町で2017年に設立されたインテリア・ライフスタイルブランドだ。チェアやテーブル等の家具類、インテリア小物、アロマ商品の企画・開発・販売まで幅広く手掛けている。ブランド名であるフィルは「Fulfilling life＝満ち溢れる人生」に由来し、商品から伝わる、南小国町での生活や時間の流れ、

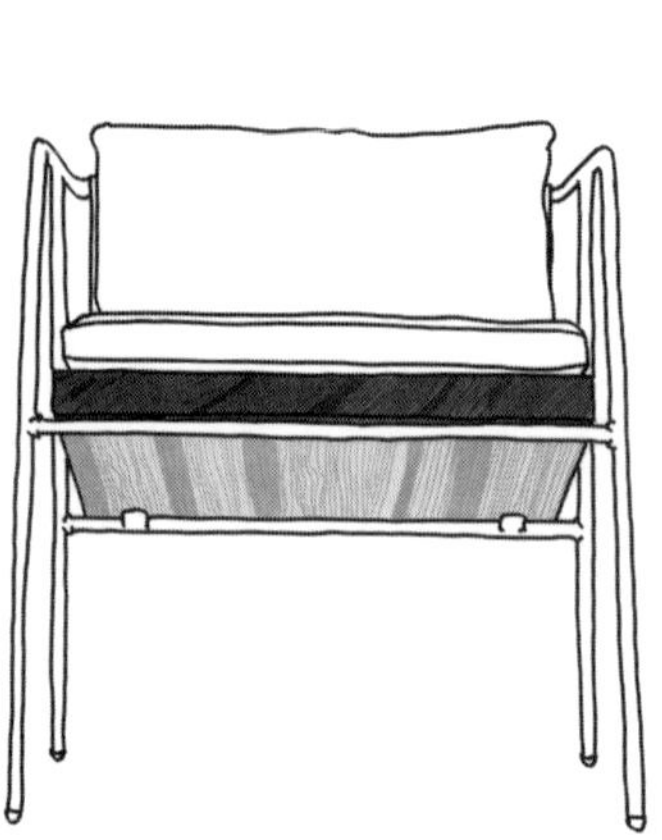
©Kodai_Oka

2

1　製材所で小国杉と向き合う穴井さん
2　南小国町の風景に溶け込むフィルのフラグシップショップ

全て ©Haruka_Sakaguchi

自然との関わり合い等を通じ、モノと情報にあふれた現代において「本当の豊かさ」を問う。

ＣＥＯを務める穴井俊輔さんは、福岡の大学で機械工学を学んだ後に東京都内のコンサルティング会社に勤務、イスラエル留学を経て南小国町に帰京し、３代目として家業である林業を継ぎ、２０１６年にフィルを運営する株式会社Forequeを立ち上げた。フィルでは、そもそもなぜつくるのか？　をじっくり考え戦略を練りながらブランディングが進められており、ロンドンで開催された「World Brand Design Society Awards 2020/2021」では、表層的なサステナビリティを謳った取り組みではなく、その土地で育った文化・伝統を継承しているとしてブロンズ賞を受賞する等、海外からも高く評価されている。

フィルの商品では、地域素材とりわけ小国杉の活用が一貫して大切にされている。小国杉は、２６０年ほど前に奈良の吉野杉が持ち込まれたことがきっかけで生育が始まった。皮は建物の屋根材へ、葉はエッセンシャルオイルへ、根はお皿へ、ウッドチップは地域の畜牛のベッドへ活用され、一本の小国杉を余すところなく使用しているのも優れた特徴だ。ウッドチップは畜牛農家がトラックで引き取りに来るという関係も、地域で資源循環を進めるこの土地ならではの良さである。

なおフィルは、フラグシップショップを兼ねた自社オフィスから50ｍほどの近場に製材所（有限会社穴井木材工場）を持っており、小国杉の調達から加工、販売までが全て目の届く範囲で行われている。オフィスには工作機械や最新のデジタル機器を備えたファブリケーションスタジオが併設されており、自分たちで調達した木材の加工・ものづくりができる場として地域住民に親しまれている。そこで扱われている木材は、家具等小物用から建材用まで多岐に渡る。

穴井さんによると、家具や建材等で長期的に使う木材は、気候・環境が似た地域で育ったものでの地産地消が適しているという。日本は、豪雪地帯である冬の北海道から夏に高温多湿になる内陸地域まで気候の多様性に富んだ国であるため木材にも各地域の特徴があり、長持ちする家づくりには地産材の使用が望ましい。

南小国町は標高430〜945mの高原地帯に位置するため、小国杉には他の杉材にない特徴がある。一つは、通常の杉材の断面は濃いブラウン色だが、小国杉は鮮やかなピンク色で、壁材や床材、家具に使われると太陽光が反射して室内を明るくすることだ。二つ目には、小国杉には豊富な油分が蓄えられており、、家具やおもちゃの表面をオイルやウレタンで仕上げなくとも手触りが良い。

さらに小国杉は、本来コストがかさみがちな乾燥の工程に温泉を熱源とする地熱を利用しているためほとんどコストがかからない。欧州から視察団が訪れた際には、自然の力を活かしコストをかけない知恵と手法に一同驚かれたという。また、近場ゆえに調達・輸送・保管コストも一般的な流通材や外国産の木材、塩化ビニル製の疑似材と比べて抑えられ、小国杉の使用は割高にならないそうだ。

デジタルファブリケーションによる〝分解できる〟仮設住宅

株式会社Forequeは、フィルと並行して「FabLab MInamiOguni」も運営している。現在は、同じ南小国町にある「山鳥の森オートキャンプ場」や地域おこし協力隊の方とともに、これまでにない仮設住宅の設計プロジェクトに関わる。このキャンプ場は2000年に家族経営でオープンされ、敷地内に湧き出る天然温泉や、清らかに流れる小田川、小国杉に囲まれた森等の風光明媚な周辺環境が、県内外から訪れるキャンパーの人気を集めていた。しかし、2020年7月に熊本県集中豪雨が襲う。

町内で長年生活してきた年長者たちにとっても、過去に経験がないほどの甚だしさだったという。小田川の河川敷は崩壊し、キャンプ場でもバンガローが流され温泉や釣り堀が浸水する等、広範囲に渡って大きな被害を受けた。

被災後、山鳥の森オートキャンプ場は、自然災害を学べる体験型キャンプ場として再出発することを決めた。一般的なキャンプ場のように自然を楽しめることに加え、今後新設されるエリアでは自然と共生する難しさや厳しさ等日常では触れる機会のない体験学習ができる。県外からの訪問者にとっては、九州が近年直面している自然災害の状況を知るきっかけになり、地域住民にとっては、自然災害に備える経験と知識を身につけられるような場だ。

このプロジェクトでは、3Dプリンターやレーザーカッター等最新のデジタル加工機器を用いた「デジタルファブリケーション」と呼ばれる技術を使い、被災時に誰でも迅速に組み立てられる仮説住宅の仕組みづくりが進められている。デジタルファブリケーションは、従来熟練の技術者にしかできなかった難易度の高い加工が、デジタル加工機器によって、建築や家具づくりの専門家のサポートを受けた上で一般の利用者でも容易にできることに特徴がある。具体的には、デジタルファブリケーションを用いて小国杉の建材パーツを制作し、町内で保管しているそうだ。用途によってパーツを組み換えられるため、災害時のほかにも、ファーマーズマーケットやクリスマスマーケットの出店、期間限定ショップの店舗としても活用できる。

私も東日本大震災以降、仮設住宅へ物資を搬入したり被災者の方々と関わってきたりしたが、長期化する仮設住宅生活では、薄い壁材による隣人との生活音トラブル、夏冬の快適とは言えない室温、雨漏り、長い工期、スーパーマーケット等生活インフラへのアクセスの悪さ、住民同士の交流不足等の課題が挙げられており、仮設住宅そのものを全面的にアップデートする必要を痛感した。この仮設住宅プロジェクトでは、これら従来の課題への包括的なアプローチが模索されている。このようにクレーン等業者の力を借りずに住宅自体を利用者自らが組み立て解体できる仕組みづくりは、3章で紹介したフェアフォンにも近いものがある。災害時には広範囲での業者間の連携が難しくなることも、地域のレジリエンスの視点では肝になる。

また、デジタルファブリケーションで開発が進められていることも重要だ。デジタルファブリケーションに用いられる図面や加工方法はオンライン上で公開できるため、加工機と材料さえあれば他の地域でも同じパーツをつくることができ、南小国町のモデルを他の地域でも実践できる。

サーキュラーエコノミーで期待できる国産木材の需要拡大

戦後日本では、木造建築の需要拡大を受けて人工林が拡張されてきた。しかし、その後安価な海外産木材の輸入が解禁され、次第に国産材の需要は落ち込み、採算が見合わなくなったことや働き手の高齢化によって現在では管理されなくなった人工林が土砂崩れ、畑や希少植物の獣害等を引き起こしている。一方で日本はいまも国土の3分の2が森林で覆われており、この規模にまで経済的に発展を遂げた国の中では、世界的に見ても珍しい森林大国である。またその森林面積のうちおよそ40％を人工林が占めていることから、国産材の活用を喚起する政策やビジネスは国にとっても企業にとっても、課題に取り組み同時に新たな利益を創出する大きな可能性を秘めているといえる。このような森林大国の日本において、3章（108頁）で触れた「Building as Material Banks（資源銀行としての建物）」に向けたこの流れは追い風になると感じている。

穴井さんが指摘するように、各地域材を建材にする地産地消の試みは、子どもや孫以降の世代まで修理やメンテナンスし使い続けるサーキュラー型の建物づくりと相性が良い。地元材は輸入材と比べて初期投資がかかっても、長期的視点では輸入材よりも価値が落ちず長期間の使用が可能なのだ。また森林のないオランダでは東欧の木材が用いられることが一般的だが、日本の場合、熊本の小国杉、奈良の吉野杉、京都の北山杉等にとどまらず日本各地で木材を調達できる恵まれた環境がある。

また地域材の活用は、林業従事者、木材加工業者、デザイナー、販売に携わる人々、そして最終的な利用者の近い距離での関わり、必要資材の持続可能な方法での調達・供給、輸送コストやカーボンフットプリント（輸送に伴う温室効果ガス排出量）の削減、地域経済の促進等にも結びつく。植樹から加工、販売、修理までの一連の資源循環を学べる教育施設の整備もありうる。メンテナンスし続けるという側面では、世代を超え顔の見える関係も継続しやすい。さらに近年では、前述したデジタルファブリケーションによって市民が建築の設計・加工に関わるハードルが低くなっており、特別な加工技術が必要だった建物が比較的安価にできることも、サーキュラーモデルの建築を進めやすい土壌を築いている。

このように、日本の建築業界におけるサーキュラーエコノミーの実践の先には、林業界の課題改善や、世界でも先進的なモデル構築と新たな利益創出の成長戦略が見えてくる。現存する世界最古の木造建造物「法隆寺」があり、度々の災害で培われた建築技術を持つ日本だからこそ、建築分野のサーキュラーエコノミーで世界をリードすることは、説得力あるモデルとして受け入れられるだろう。

― Column ―

日本で可能性を秘める

建築分野でのサーキュラーエコノミー

完熟堆肥のコンポストに並び、今後日本が国際的に先進モデルを示す大きな可能性を秘める分野の一つは「建築」だと思う。

例えばサークルで紹介したような木造建築への注目の高まりは、宮大工の伝統技法がある日本には好機だ。オランダでは、接着剤の代わりに金具を用いた分解可能な工法は導入されているが、そもそも金具すら使わずに木材同士を組むにはまだ議論が深まっていない。一方日本の伝統木造住宅では、土壁に稲藁が混ぜ込まれ、呼吸する壁として漆喰が用いられ、木材の保護には漆や柿渋が活用される等、周辺環境から得られた暮らしの知恵が建築に散りばめられており、もちろん木組みの深い技術もある。

VUILD株式会社の秋吉浩気さんによると、「分解できる建築」の設計はデジタルファブリケーションとの相性が良いそうだ。彼はデジタル木工切削機「ShopBot」を日本各地に普及させ、地産木材を使って誰もが従来職人しかできなかった加工をできるよう、「建築の民主化」としてのシステムづくりを進めている。

また北海道・下川町では、トドマツやカラマツのカスケード利用が代々行われてきた。丸太が無垢材や集成材として使用される際に、その加工過程で出たおがくずがくん炭に活用される。材として活用できない丸太は木屑にして町内の公共施設の70%近くの熱源をまかなうバイオマスボイラーの燃料になり、トドマツの枝葉から抽出されたエッセンシャルオイルは商品化される。下川町はまさに廃棄の出ない仕組みづくりを徹底し、エネルギー政策や地産地消の取り組み、観光業等、多分野で好循環を生み出している。

世界最古の現存する木造建造物群である法隆寺は、自然災害の多い日本で今なお1400年前の姿を残す。当時調達できた高品質な木材と大工の知恵が失われれば、科学技術の発達した現代でも同様の建造は難しい。法隆寺に用いられたような伝統工法と、デジタルテクノロジーのような最新技術を掛け合わせることで、日本の建築分野におけるサーキュラーエコノミーの取り組みが、世界から注目を集め得ると感じている。

サーキュラー・ヴィレッジ大崎町

まちぐるみで進める資源循環の仕組みづくり

「安居さん、今日はサーキュラーエコノミーのお話をありがとうございました。オランダのお話はすごく刺激的でしたし、これまで自分たちが大崎町で20年かけてやってきたことは間違ってなかったと自信になりました」。

鹿児島県大崎町で開催された私の講演会の後に、こう話しかけてくださったのは役場職員の松元昭二さんである。松元さんは20年間にも渡って引き継がれる「大崎リサイクルシステム」を現在担当されている。

大隅半島の中央あたりに位置する大崎町は人口1・2万人ほどのまちで、近年は国内外から視察団が訪れるほど、ある先進的な取り組みが注目を集めている。それは、世界でも有数なほど洗練された、まちぐるみの資源循環の仕組みだ。大崎町は2006年以降、12年間連続で日本全国の自治体でリサイクル率一位を

©Kodai_Oka

達成しており、町内で排出される廃棄物のうち実に80％以上が再資源化されている。ごみ問題に悩むインドネシア等各国自治体や企業も町に訪問し、海外との技術連携や人材交流も盛んだ。これまでに自治体職員から現場作業員まで累計400人以上が訪問し、廃棄物政策の策定方法やごみ回収の仕組み、堆肥化技術等が伝達されてきた。日本では、2030年までに全国の市区町村のうち約65％が人口一万人未満になる見通しであり、[*5] 人口1・2万人の規模で高い資源循環率を誇る「大崎リサイクルシステム」は、多くの自治体にとって好事例になり得る。

冒頭の松元さんは、オープンマインドと情熱を持ち合わせた方で、周囲からの人望も厚い。講演会翌日には松元さん他職員の方々に早朝から日没まで大崎町を案内してもらい、こんなにも自信と愛情を持って自分たちの地域を紹介されることに心底驚いた。大崎町では行政、民間企業、さらに長年の住民と新規移住者の間で分け隔てがなく、互いに近い想いとヴィジョンを持って協働している。それぞれの強みを活かし合いながら、先進的な資源循環の仕組みを自分たちでつくりあげることに皆がワクワクしていることが、ひしひしと伝わってきた。

そもそも大崎町が資源循環の仕組みづくりに力を入れ始めた背景には、町が抱えていた地域課題があった。住民協働型による資源循環の仕組みづくりのスタートは、1998年にまで遡る。町には元々焼却処分場がなく、1990年から2004年まで活用予定だった埋め立て処分場が近い将来満杯になる試算が出たのだ。そこで、今後の政策について次の3つの選択肢が提起され、行政と住民の間で徹底的な話し合いが行われた。

・焼却炉の新設

＊5　内閣府「平成16年版 少子化社会白書（全体版）　第3章 少子化はどのような社会的・経済的影響を及ぼすか」https://www8.cao.go.jp/shoushi/shoushika/whitepaper/measures/w-2004/html_h/html/g1310010.html（最終閲覧 2021/5/28）

・埋め立て処分場の増設
・資源循環体制の構築

焼却炉の新設に見積もられた経費およそ40億円は、運営する自治体で負担し、さらにイニシャルコストは地方債を発行すれば賄える。しかし、年間のランニングコスト4億円を建設後30年以上払い続けることは次の世代の大きな負担になると考えられた。また、悪臭を放つ埋め立て処分場の増設は住民の理解を得られないと判断され、その結果、行政・住民の双方で資源循環への意向が確認され、具体的な施策が検討されていくことになる。

そこで、従来の廃棄物処理政策を抜本的に改め、ゼロから新しい仕組みづくりを整えていく計画が立ち上がった。その際、そもそも廃棄物を出さずに徹底的に資源として活用し続ける体制の構築が目指された。焼却炉を新設し維持・管理するよりも資源循環の仕組みを整えた方がコストが軽減され、なおかつ埋め立て処分場から発生する悪臭や汚水をなくすことで魅力あるまちづくりに繋げられるという利点が見出された上での決断だった。結果的に、埋め立て処分場に持ち込まれる廃棄物量が大幅に減少したため、処分場での重機や労働力のコストを抑え、その分を資源循環の予算へ回せるようになった。

松元さんによると、現在、町民一人当たりのごみ処理負担経費は全国平均のおよそ3分の2に抑えられているそうだ。欧州委員会によって「サーキュラーエコノミー・パッケージ」が発表されたのは2015年であり、大崎町ではそれより15年も前から地域課題を実直に分析した上でサーキュラーエコノミーに通ずる仕組みづくりが進められていた。

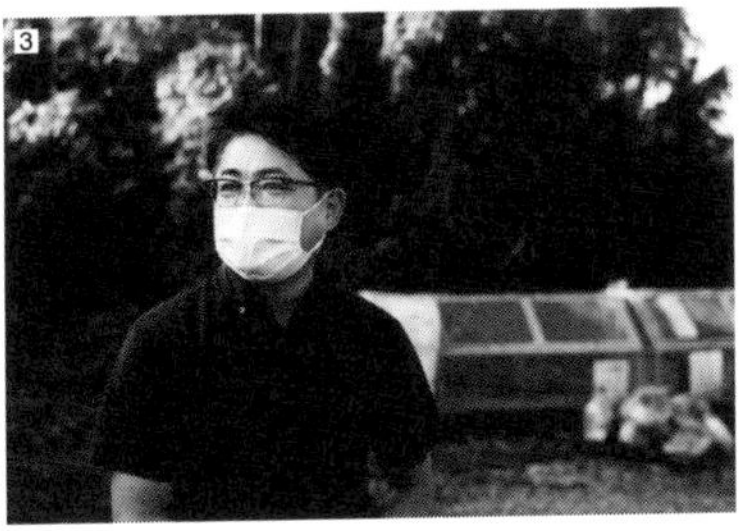

1. 回収された資源を分別する様子
2. 草木ごみがリサイクル施設に運び込まれる様子
3. 大崎町職員の松元昭二さん
4. 現在の埋め立て処分場の様子。全く悪臭がない
5. 延命化された埋め立て処分場
6. 生ごみ完熟堆肥は「環ちゃん」として販売されている

全て ©Akihiro_Yasui

住民主導で運営される「ごみステーション」

大崎町では、ごみの分別項目が27品目にまで細分化されている。ただ、この中には「蛍光灯」「乾電池」「古着布類」「スプレー缶・カセットボンベ」「陶器類」「小型家電」「粗大ごみ」等日常的には排出されないものも含まれるため、細分化がそれほど住民の負担になっていないそうだ。この分類が始まった当初は住民も慣れない様子だったが、現在では当たり前の習慣になっているという。また、大崎町では多くのベトナム人技能実習生を受け入れているため、現在ごみの分類表はベトナム語と英語も用意され多言語化が進められている。

ごみの分別方式がうまく機能している要因には、住民によって立ち上げられ運営されている「大崎町衛生自治会」の存在が大きい。ごみステーションを各衛生自治会が管理し、住民は利用するごみステーションの自治会に登録しなければごみ捨てができない。

町内に150箇所あるごみステーションでは回収が「一般ごみ」「生ごみ」「資源ごみ」の3つに分類され、住民は登録した最寄りのステーションにごみ出しする。週一回回収される「一般ごみ」は再資源化ができないため埋め立て処分場に運ばれ、「生ごみ」と「資源ごみ」は再資源化されるが、腐りやすい生ごみは週に3回回収される。ごみステーションには生ごみ用に蓋付きバケツが設置されており、住民が持参した生ごみを入れていく。生ごみが堆肥化しやすいよう住民は水切りを徹底している。*6

バケツは堆肥場に運ばれ、地域で安価に入手できるおがくずで洗浄される。この際、洗浄に水を使うと汚水が出てしまうが、表4―1（196頁）で紹介したようにおがくずは生ごみから水分を拭き取った後にも炭素資材として堆肥づくりに活用できる。ここでも、廃棄を出さない仕組みづくりが第一に

＊6　草木は生ごみと同じ日に回収され同じ堆肥場で堆肥化されるが、処理方法が異なるため回収段階では分けられている。また、リユース・リサイクルされる「資源ごみ」は、月に一回回収される。

考えられ、膨大な費用やエネルギーを要する汚水処理施設を持たなくて済む仕組みがつくられている。堆肥場でおがくずで洗浄された蓋付きのバケツは、再びごみステーションへ戻され利用される。

さらに、一般ごみや資源ごみを捨てるごみ袋は、個人の名前を記載しなければ回収されない。もし記載がない場合は、そのごみステーションを管理する自治会班長に伝えられてしまうため、住民には記名の習慣が根づいている。また分別が悪いごみ袋には、その内容を記載した「違反シール」が貼れ残される仕組みになっている。記名式になってから、住民は自治会に迷惑がかからないように自分の出すごみに責任を持つようになり、分別の精度は格段に上がったそうだ。

なお、こうした一連のごみステーションの仕組みは、まずモデル地域で実証実験が行われ、その結果を受けて町内全域に実施区域が広げられてきた経緯がある。松元さんにこの仕組みの要点を聞くと、次のように話してくれた。

「生ごみを他のごみと分けることが、とにかく一番大切なんです。生ごみはどこの地域でも大きな割合を占めていることからごみの大きな減量に繋がりますし、他のごみと一緒にしてしまうと資源化できるものも汚してしまいます。生ごみを分別し粉砕した草木と混ぜ、一次処理と二次処理の高温熱処理を経てきちんと完熟堆肥にすることで、有益な資源として地域の農業や家庭菜園のサポートにも繋げています」。

行政・民間企業・住民間の連携

大崎町では、行政や住民とは違う点で民間企業も強みを活かし、効果的な役割を担っている。例えば、資源循環で注目を集め始めた大崎町には多数の企業が訪れるようになり、次第に協働プロジェクトの案が出るようになった。しかしながら、外部企業と大崎町の意向が合致しなかったり、そもそもの仕事の進め方が違うことから上手くプロジェクト化されずに流れてしまう案件も多かった。そうした際、企業と大崎町の間に入りプロジェクトマネージャーのような役割を務められる組織や人物が不足していたのである。

そこで、その役割を担うために、2020年7月町内で「合作《がっさく》株式会社」が設立された。それまで日本各地の地域づくりプロジェクトに参画し2019年1月より民間企業から大崎町に出向して政策補佐監を務めていた齊藤智彦さんと、東日本大震災以降全国20以上の自治体で地域コミュニティをサポートしてきた西塔大海《さいとうもとみ》さんが立ち上げた企業だ。大崎町ではそうして新たに立ち上がった合作株式会社が旗振り役となり、大崎町のみならず、鹿児島県内のテレビ局や金融機関等の民間企業とともに「一般社団法人大崎町SDGs推進協議会」を設立した。現在はこの協議会事務局を合作株式会社が務めることにより、県内のみならず全国の企業と大崎町、地域住民の橋渡し役を務め、大崎町での社会実験の立ち上げとマネジメント、視察対応、情報発信、イベント企画等がスムーズに実現できる体制を構築している。Amsterdam Economic BoardとAmsterdam Smart Cityの事例でも紹介した通り（67頁）、地域全体でサーキュラーエコノミーを推進する際には、官民組織と住民の近い距離でのコミュニケーションや、それぞれの強みを生かし合った分担・連携が重視されている。大崎町でも合作株式会社が立ち上がったことにより、行政、民間組織、そして住民間での連携が円滑化され、さらに優れた資源循環の仕組みづくりを進める体制が整えられたと言えよう。齊藤さんは、次のように話してくれた。

「社名は、映画製作等で使われる『〇〇合作』（異なる主体が合わさってつくる）という言葉が由来です。私たち自身、自分たちにないものを持つ方々との仕事を何より楽しみにし、また、これから前例のないことに挑戦するには、そうした多様な人材による『合作』が必要だと考えています。大崎町は我々のような多様性を受け入れてくれるから、新たな挑戦ができます。期待に応えられるよう、様々な『合作』を生み出すプロとして活動を拡大していきたいと思っています」。

丁寧な現状分析によって最も効果的なアプローチを導き出す

大崎町の資源循環政策では、現状分析とその結果に基づいた最も効果的な取り組みが重視されてきた。例えば、図4―1は原料の生産・調達から製造、消費そしてリサイクルされるまでの資源の流れを表したものだ。ここでは「大崎町で出来ること」と「大崎町だけでは出来ないこと」が分析された上で、後者に関しては企業や周辺自治体と連携し資源循環の体制づくりが進められようとしている。

またリサイクル率80％を達成した現在も、埋め立てられている残り20％の廃棄物の分析が続けられ、さらなる高みが目指されている。例えば、大崎町の分析結果では、埋め立てられている廃棄物には次のものがあると分かった。

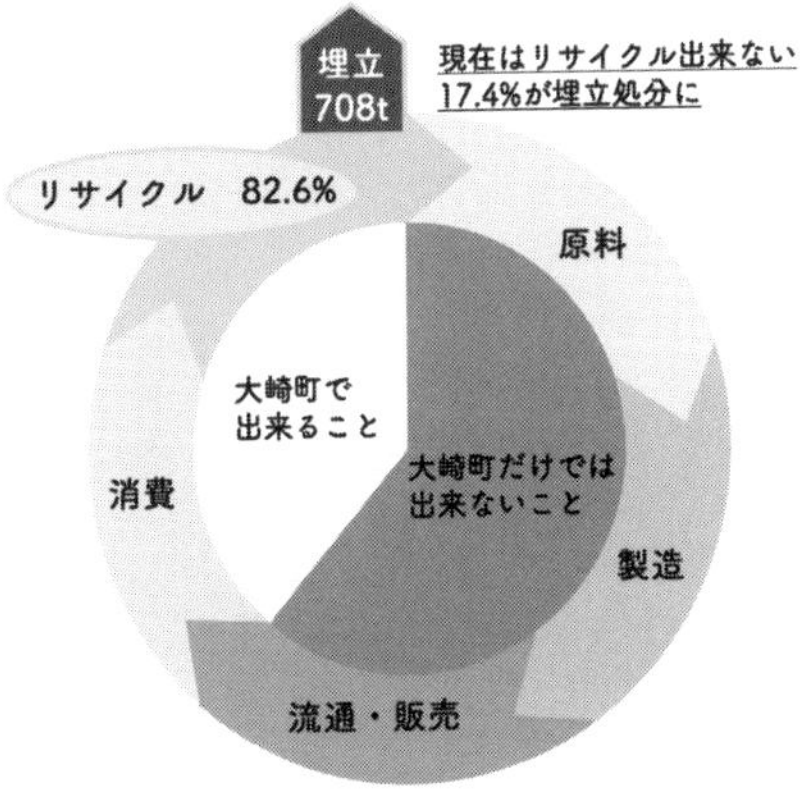

図 4-1　大崎町システム資源循環イメージ図（提供：大崎町）。リサイクル率が飽和状態に近づいており、さらなる環境負荷の低減には他所との連携が欠かせない

・おむつ
・（本来大崎町では再資源化可能であるが、）間違って混入されてしまったもの
・その他（靴／鼻水等のついたティッシュ／カッパ／災害廃棄物）

このうち「おむつ」は、有機物（排泄物）、プラスチック、紙素材が分別されないままに捨てられるケースが多く、ＥＵ加盟国でもサーキュラーエコノミー化の悩みの種になっている。そこで、現在大崎町はおむつの再資源化のために、おむつメーカーであるユニチャーム、大崎町と隣接する志布志市、大崎町の有限会社そおリサイクルセンターと実証事業を進め、町の資源循環政策に沿った取り組みが行われている。ユニチャームにとっては、製品開発に利用者の意見を反映でき、大崎町は資源循環の追求を通した先駆的な資源循環モデルで地域バリューを高められ埋め立てごみの減量に繋がるという、双方への利点がある。また、人口の高齢化が進むＥＵ加盟国と日本では、高齢者のおむつが年々増加傾向にあるが、大崎町とユニチャームがおむつの先進的な再資源化モデルを構築すれば、欧州をはじめとする各国に好事例を示し、国際的な注目を集められるという道筋も見える。

ちなみに、紙おむつはプライバシー配慮と悪臭対策のためにごみステーションでは個別の回収ボックスに入れられるが、結果この方法によっておむつだけの廃棄状況が把握でき、これらの実証事業に繋げられている。

このように、現状分析により効果的なアプローチを導き出す大崎町の姿勢は、オランダでのマテリアル・フローアナリシス（資源流動分析）の実践とZoom in／Zoom outの視点の活用に近い。

課題だらけだったごみ政策が、世界の先進モデルへ

現在はこれだけ分別が徹底されている大崎町でも、元々は黒いごみ袋に様々なごみが一緒くたに入れられていた。ごみステーションや埋め立て処分場はひどい悪臭を放ち、カラスや野良猫が寄り付く、住民にとっては「迷惑施設」であった。そのため、ごみステーションを集落から離れたところに設けざるを得ず、住民はアクセスが悪く不便であった。しかし、分別が徹底され悪臭がなくなった後には「迷惑施設」の認識は払拭され、今はむしろ、住民の意見を反映し各地域の利便性の良い場所に設けられ、結果的に住民同士が顔を合わせ会話をする場にもなっているという。

大崎町は、２０３０年までの目標を次のように掲げている。

- **２０２４年までに、町内で販売される全ての消費財で、使い捨てに変わる販売手段を提供**
- **２０２７年までに、使い捨て容器に代わる手段を開発し、普及率80％を達成**
- **２０３０年までに、使い捨て容器の完全撤廃・脱プラスチックを達成**

このうち、使い捨て容器の代替手段にはアメリカ企業のテラサイクル（Terracycle）が開発した「ループ（Loop）」等国内外様々な事例が参考にされている。ただし、海外の事例はあくまでも参考までに、大崎町は町に合った独自モデルをつくりあげる姿勢だ。

さらに世界に先駆け、サーキュラーエコノミーを軸に据えた「サーキュラーヴィレッジ大崎町」というまちづくりの計画が進められている。この計画では、既にある資源循環の仕組みに加え、循環型

社会の実現に向けた研究開発・実証実験を行う「Japan SDGs Lab」や、循環型の未来を体験できる宿泊体験施設、地産地消レストラン等の開設が目指されており、外部機関や訪問者との連携も踏まえて、前述の大崎町SDGs推進協議会を中心に今まさに動き出している状況だ。

このような「大崎リサイクルシステム」は現在、インドネシア等他の国々にも普及している。大崎町による各国のごみ状況調査によれば、生ごみと他のごみの割合はどの国でもさほど変わらなかったという。つまり、まずは生ごみをそれ以外と徹底的に分け完熟堆肥にするという廃棄物低減の仕組みづくりは、他の国々においても汎用性と再現性が高い。

1章の「バタフライ・ダイアグラム」で紹介したように（43頁）、サーキュラーエコノミーには「リサイクル」よりもさらに上位に当たる「リユース」「リペア（修理・メンテナンス）」そして「リジェネラティヴ」という概念がある。欧州の各地域で広まる「リペア・カフェ」では、壊れた電化製品等を専門家にサポートしてもらいながら自分で直すことができ、多世代が学び合いながら関われる場としても機能している。こうした場づくりは、今後大崎町がサーキュラービレッジ計画の中で進める「ものの修理・メンテナンスをしやすいまちづくり」とも似た方向だ。今後日本企業がサーキュラーエコノミーの規格に沿って「修理する権利」を守る製品づくりを進めるにあたって、長年住民の意見を聞きながらトライアル&エラーを重ねてきた大崎町は、先進的な調査研究ができる地域として、よりいっそう重宝されるだろう。

さらに、今後焼却処分場の扱いは国内外での課題として浮上する。日本には現在およそ1000の焼却施設が存在するが、[*7]老朽化を迎えているものも多く、焼却施設新設の予算がない自治体は、従来とは異なる廃棄物政策へ抜本的転換が求められている。また焼却処分場からは焼却後に必ず焼却灰が

＊7　環境省「一般廃棄物の排出及び処理状況等（令和元年度）について」http://www.env.go.jp/press/109290.html（最終閲覧 2021/5/28）

発生し、各自治体は灰の処分のための埋め立て処分場を持つ。さらに、欧州委員会は廃棄物処理の優先順として「廃棄物の階層（Waste Hierarchy）」を示しており、[*8] ここでも「埋め立て処分」や「焼却処分による熱エネルギー回収（サーマル・リサイクル）」[*9] よりもまず、「廃棄物を出さないこと（Prevention）」の重要性が強調されている。こうした欧州の潮流の中で、すでに20年以上埋め立て処分場に依存しない実績のある大崎町の資源循環政策は、今後ますますロールモデルとして注目度が高まるだろう。なお特筆すべきは、大崎町の取り組みが一部の人々による環境意識の高さによるわけではなく、資源循環によってもたらされる新しい経済効果、コスト削減、雇用創出、住民間のコミュニケーション促進、そして魅力的なまちづくりといった、「3つのP」における全ての合理的理由から進められていることだ。また大崎町のような人口規模で先進的モデルをつくることができ、ゆくゆくは知的財産でビジネスができる点は、オランダのサーキュラーエコノミー政策にも通じている。

「ものが壊れた際には、自分たちで修理して使い続けることができる」。

「従来処分されていた『廃材』を、どうしたら『資源』として積極的に活用し続けられるだろうと、皆でわくわくしながら考えを巡らせ、実行に移す」。

近い将来、このような考えが当たり前になった大崎町は、世界中からいっそう注目される存在になっているだろう。

＊8　European Commission“Waste Framework Directive”https://ec.europa.eu/environment/topics/waste-and-recycling/waste-framework-directive_en（2021/5/28 最終閲覧）

＊9　焼却処分の過程で得られる熱エネルギーを活用する「サーマル・リサイクル」は、欧州では「エネルギー回収（Energy Recovery）」と呼ばれ、「マテリアル・リサイクル」「ケミカル・リサイクル」のような「リサイクル」とは見なされない。現在、日本では「エネルギー回収」も「サーマル・リサイクル」としてリサイクル率に計上されていることが問題視されている（参照：Forbes JAPAN「世界基準からズレた日本の『プラごみリサイクル率84％』の実態」https://forbesjapan.com/articles/detail/24796（最終閲覧 2021/5/28））

日本での展望

CHAPTER

Prospects
of Circular Economy
in Japan

過去、現在、そして未来に続く日本のサーキュラーエコノミー

世界から注目される日本の取り組み

オランダでサーキュラーエコノミーに取り組む友人から、このような相談を受けたことがある。「アキ、日本の喫煙者はどうして日頃から携帯灰皿を持ち歩けるんだ？　オランダでも習慣にしたいけれど、どうしたら日本のようにわざわざ持ち歩いてもらえるかが分からないんだ」。メディアで伝えられる海外の情報はポジティヴなものが多くなりがちだが、オランダも完璧な国ではない。アムステルダムでは路上ごみの中でたばこの吸殻が最も多く、たしかに視察に訪れた日本の方々も街中のごみの多さに驚かれる。オランダ人には灰皿の携帯はなじみがなく、習慣化することはとてもハードルが高いそうだ。

また他にも、日本の飲食店等でビール瓶が返却・再利用されるリターナブルな仕組みも欧州では注目されている。日本の大手ビールメーカー同士はビール瓶を共有し、それらは8年近くリユースされることもあるという。[*1] これは、規格が統一された瓶やケースを本来競合関係にある企業間で共有し、また入荷と逆の返却ルートが整えられている成果である。オランダでは、空き瓶は基本的に全てリサイクルされているため、1章のバタフライダイアグラム（43頁）で示された優先順位においては、日本のリターナブルな仕組みの方が優れた実践である。

＊1　細田衛士『グッズとバッズの経済学　循環型社会の基本原理　第２版』（東洋経済新報社、2012、85頁）

つまり携帯灰皿やビール瓶のように、オランダ等の欧州諸国と日本のどちらが遅れている／進んでいるかは一概には言い切れない。一般的な消費者意識に関しても、日本は意識が低いと言われているが、5年間欧州にいた私の印象では向こうでも意識の高い消費者はまだまだ少数派である。また、フライターグ（36頁）やパタゴニア（37頁）、オニバスコーヒー（211頁）等、従来の商品より高価格帯ながら日本でも人気を集めている事例はいくつもある。すなわち国全体の優越ではなく、欧州でも日本でも「3つのP」をうまく伸ばしている組織は、「（意識の高い人々だけでなく）一般の人々に自社商品やサービスを利用してもらう」という課題にうまくアプローチできていることが分かる。そのためには、実際に足を運んでみたくなる空間づくり、思わず手に取りたくなるパッケージデザイン、圧倒的な美味しさの追求、お得感のあるサービス開発、参加してみたくなるイベント企画等、多くの人々の感性に響く工夫こそが重要であり、そこに低価格だけを売りにした商品やサービスを乗り越えるヒントがあるのだ。

「仕組みづくり」→「素材・プロダクト」の順に考える

「3つのP」のバランス構築には、前述のような工夫を考える前に、そもそもサーキュラーエコノミーの導入に向けた段取りを踏まえておく必要があるだろう。日本の組織がサーキュラーエコノミーを考える際、廃棄を出さない「仕組みづくり」よりも先に「素材」や「プロダクト」の話が進められる傾向がある。しかし、先に「素材」や「プロダクト」の議論が深められリサイクル素材やアップサイクル商品が開発されたとしても、結局仕組み自体はリニアエコノミーから抜け出せていない事例を数多く見てきた。ここまで繰り返してきた通り、サーキュラーエコノミーの第一原則は廃棄を出さないための「仕組みづくり」にある。

サーキュラーエコノミーを実践した際の効果を、「3つのP」全てにおいて最大限得るには、まず廃棄を出さずに資源として活用し続ける「仕組みづくり」の上で、それに最適な「素材」選びや「プロダクト」開発を行う段取りが有効である。例えば、マッド・ジーンズは一度顧客に渡った製品を自社に戻してもらう「仕組みづくり」をまず検討し、その結果として月額制のリースモデルを採用した。次に自社に返却された製品がどのような「素材」「プロダクト」であれば、繊維化し再び製造しやすいか検証し、背面の革ラベルの不採用を決めた。また長期間の使用を考え、ファスナーからボタンへシフトしている。

製品を返却してもらう手段には、リース式以外にもフェアフォンのようなキャッシュバックや、デポジットの仕組みもある。また、返却品は修理・分解が容易で可能な限り単一素材で構成され、それぞれの素材情報が正確に記録・伝達でき、有害物質が使用されていない、フェアな労働条件や持続的な素材調達等の観点が、資源の価値を落とさずに繰り返し使用するための要点になることも、本書の事例で見てきた通りである。

サーキュラーエコノミーは日本の町工場に仕事を取り戻すチャンス

仕組みのデザインの中では、生産・流通のためのネットワークを再構築する視点も重要である。企業への製品返却により修理・メンテナンスや再資源化を重視した仕組みづくりが進められる中、市場であるＥＵとその周辺国では新しい経済圏が形成されつつある。例えば、マッド・ジーンズは生産・修理・再流通を担う拠点施設を近隣国であるスペインとチュニジアに構え、サークルは建材を欧州の森林から調達し、フェアフォンやマッド・ジーンズのような返却時の送料無料サービスはＥＵ圏内でのみ適用されることが多い。従来のリニアエコノミーでは中国やインド等にあった「生産」施設が、サーキュラーエコノミーでは「生産」に加え返却後の「修理」や「メンテナンス」、そして市場への「再出荷」の役割も新たに担うため、生産・修理の拠点を市場と近い地域に設けることに利点が見出されているのだ。

このような生産・物流拠点の変化には、日本のビジネスにもヒントがある。現状、日本のビジネスはまだまだ日本語のみでの展開が多く、その場合市場が国内に限定されてしまう。しかし、例えば韓国、台湾、中国等の周辺国を市場として捉えることでビジネスの新たな広がりが考えられる。また、欧州で生産・修理の拠点がＥＵ市場に近い地域に構えられているように、日本でもこれまで諸外国に頼ってきた生産の現場を国内の町工場へ取り戻し修理拠点の役割も担ってもらう道筋が見えてくる。裏を返せば、今後修理やメンテナンスの新しい技術が求められる中、日本の町工場は下請けとして特定企業からのみ仕事を受け続けるのではなく、受注可能な工法や技術を積極的に発信し新しい共創企業を見つけることが生き残りの鍵になり、これは今後日本社会全体でサーキュラーエコノミーを促進するためにも重要だ。さらに英語での発信強化は、世界中の企業から問い合わせを受け知的財産型ビジネスへ発展させる可能性を広げるだろう。

受注生産により在庫処分をなくす

生産・流通の変容とともに既製品だけを製造・販売する形式にも変化が見られており、注目を集めるのが注文を受けてから製造する「受注生産」の形式である。特に興味深いのは、テクノロジーの発展に伴いこれまでにない形態が生まれていることだ。例えば3章で紹介したファッション・フォー・グッド（154頁）は、店舗で利用者がデザインを選ぶと無地のTシャツにデザインが印刷され、10分後には選んだ商品が受け取れるサービスを始めた。これなら店舗は無地のTシャツだけをストックすれば良く、毎シーズンの終わりにその年のモデルTシャツを大量に処分しなくて済む。2019年にはフランスで売れ残り商品の廃棄を禁止する法律の施行が報道される等、[*2]企業が在庫を抱えるリスクは年々高まっている。このような最新テクノロジーを活用した現地での製造方式が広まれば、無駄な在庫を抱えずに済む受注生産の環境が、より整備されていくだろう。

一方、近年受注生産形式と相性が良いのが「セミオーダーメイド」だ。フルオーダーメイドよりは選択肢は狭まるが、例えば特定部位を複数のオプションから選んだり1〜10cm単位でオーダーできたりする等、規格品よりも身体や好みに合うようカスタマイズでき、修理・メンテナンス等のアフターサービスが充実していることが多い。規格品では企業が一方的に顧客のニーズを分析し生産するのに対し、「（セミ）オーダーメイド」は個々の顧客と企業との双方向のコミュニケーションを重視した形式と言えるだろう。例えばパナソニック（Panasonic）は、ロードバイクのセミオーダーメイドサービス（POS：Panasonic Order System）を展開している。利用者は基本モデルとカラーや部品を選び、最寄りの店舗で手足の長さを測ることで自分の身体に合ったフレームを注文できる。一般的なロード

＊2　日本貿易振興機構（ジェトロ）「非食品の売れ残り製品の廃棄禁止法案を準備（フランス）」https://www.jetro.go.jp/biznews/2019/06/2474b881a7206ca6.html（最終閲覧 2021/5/28）

バイクの多くが台湾や中国で生産される中、注文後に大阪の自社工場でフレームが切り出し・加工され、自転車は3週間ほどで手元に届く。高品質というだけでなく、フレーム再塗装のアフターサービスもあり、これは前述の通り市場と生産拠点の近距離化がもたらす利点だ。なお相場より一割ほど高価格だが、自分に合った一生ものの自転車が手に入ることやアフターサービスも考慮すると、十分上乗せの価値があるだろう。セミオーダーメイドによる在庫処分の少ない仕組み構築、国内拠点による技術力の発揮、アフターサービスの導入等、パナソニックのロードバイク事業はセミオーダーメイドのビジネスモデルとして日本での先駆的モデルケースと言える。

また東京拠点のSOLIT株式会社は、身体に特徴があり既製品が合わない人や着脱が困難な人、車椅子の人向けの衣類をデザインしている。セミオーダーメイドによる受注生産で、例えばジャケットのボタンは、片手や簡単な動きで閉じられるようマグネット式がオーダーできる。また袖や裾が擦り切れやすいという車椅子の人の声を踏まえ部位ごとにサイズと仕様が選べ、なんと1600通りものカスタマイズができる。着心地がよく個性を出すことができ、一アイテムだけの注文や一部分のリペアも可能であるため、結果として一般ユーザーにも人気を集めている。

オランダのメガネブランド「エース&テート（ace&tate）」と、アメリカ・カリフォルニア州でAR（Augmented Reality）を開発する「ディット（ditto）」によるサービスでは、パソコンの画面上でメガネをかけた自分の姿が自由自在に見られるという、メガネのヴァーチャル試着ができる。このような最新テクノロジーの導入・応用が進めば、遠隔地等でも（セミ）オーダーメイドで受注しやすい。

これらの事例を通して私たちは、今購入予定のものは本当にすぐ手に入れる必要があるのか、問いかけられている。相場より多く支払い手元に届くまで数週間ほど待ったとしても、それで自分に合う一生モノが届くなら、その方が長期的には良い選択になることもあるだろう。テクノロジーの活用やセミオーダーメイド等の新しい受注生産方式は、在庫処分による環境負荷を抑えられるだけでなく、企業はより自由度が高く独自性ある商品開発や、アフターサービスを通じた顧客満足度向上に繋げられる。多くの分野において、まだまだ開拓の余地が残されている取り組みだろう。

エネルギー効率向上を目指す

サーキュラーエコノミー政策の実装にあたり、近年日本の関連省庁の関係者間では「省エネ」より「エネルギー効率向上」という表現が用いられる。そこには、前者は制限を加えるようなネガティヴな響きなのに対し、後者は産業界に技術革新を促すようなポジティヴなニュアンスという理由が挙げられる。また２０２０年以降、環境省、経済産業省、経団連を中心にカーボンニュートラルや脱炭素へ向けてサーキュラーエコノミーの促進と経済・社会の再設計（Redesign）が欠かせないという認識も広まってきた。[*3]

現在はエネルギー効率向上のために、建物の断熱効率の向上が急務とされている。日本の断熱基準は世界でも著しく低いが、[*4] 一方で今なお多数着工され続ける新築の建物全般で断熱構造が導入できれば、不要なエネルギー使用や光熱費、そして環境負荷を大幅に削減できる。日本でも技術が進展し、より優れた断熱工法が低価で施工できる状況になりつつあり、建築家の竹内昌義さん曰く、現在一般的な断熱では初期費用は上がったとしても光熱費が減るため、結果的に初期費用分は10年ほどで回収できるという。[*5] なお優れた断熱構造の導入は、仕事のパフォーマンス向上、

＊3　環境省「小泉大臣記者会見録（令和３年１月29日（金）10:33 ～ 11:02 於：環境省第１会議室）」https://www.env.go.jp/annai/kaiken/r3/0129.html（最終閲覧 2021/5/28）

＊4　東洋経済オンライン「日本の住宅が『暖房しても寒い』根本的な理由」https://toyokeizai.net/articles/-/347703（最終閲覧 2021/5/28）

＊5　竹内昌義「脱炭素社会に向けた 住宅・建築物の省エネ対策等のあり方検討会 提言資料」https://www.mlit.go.jp/jutakukentiku/house/content/001405373.pdf（最終閲覧 2021/5/28）

疾病の改善、予防型介護の推進、欠席率の改善等に繋がり、年々増加する医療費の削減を通じ日本の財政課題にも対応できうるという報告もされている。[*6,7]また既存の建物の場合では、断熱工事の費用が新築より2～3倍掛かると言われるが、[*7]3章のサークル（102頁）のようなサーキュラーエコノミー型の分解・用途変更が可能な柔軟な建築なら、竣工後の断熱改修でも大幅に費用を抑えられる。

また133頁のコラムで述べた「体験の重要性」が断熱構造を社会に浸透させる突破口となった事例も生まれている。岩手県紫波町の「オガール・タウン」は、断熱構造が導入された57戸の住宅群であり、一般的な新築住宅より2割ほど高価格で売られていた。紫波町は冬の外気温がマイナス15℃になる地域だが、この住宅は断熱構造のおかげで早朝も寒くなく光熱費が抑えられる。このような入居者の口コミが次第に広まり、今では全住戸が完売している。さらに、オガール・タウン以外のエリアにも断熱構造を売りにした住居が広まっているそうだ。

一方、建物を考える際には地上のことばかりに目を向けがちだが、パッシブデザインやリジェネラティヴ等の考えに沿ってその土地の自然エネルギーを最大限活用するには、周辺環境や建物下の土中環境を考慮することも欠かせない。機械や力学理論に偏重し土を押さえつける土木工事は、水害や土砂崩れなどの自然災害の要因になりうるとの指摘もある。[*8]圧迫された土壌に水や空気の通り道を施工することは、周辺環境を蘇らせるリジェネラティヴな取り組みに繋がるのだ。

2章で見てきたように欧州では、環境面だけでなくパンデミックや紛争、外交等による国際情勢の混乱に備え、自給自足が可能な再生可能エネルギーの導入が進められている（67頁）。一方で欧州各国のように周辺国からの電力輸入が難しく、また自然災害の多さが再生可能エネルギー

＊6　伊香賀俊治研究室「ウェルネスハウス班」http://www.ikaga.sd.keio.ac.jp/group-well.php（最終閲覧 2021/5/28）
＊7　山梨知彦・伊香賀俊治著『最高の環境建築をつくる方法』（エクスナレッジ、2013）
＊8　高田宏臣『土中環境　忘れられた共生のまなざし、蘇る古の技』（建築資料研究社、2020、167 頁）

シフトのハードルになっている日本は、エネルギー資源の大半が輸入状態にあり、[*9] 供給の不安定化や価格高騰の影響をもろに受けやすくリスクに脆弱な状態にある。つまり日本においては、前述のように土中環境の見直しやパッシブデザインの導入等で活用できる自然エネルギーを最大化し「リデュース」の視点で不要なエネルギーを削減した後に、「リユース」的に活用できる再生可能エネルギーを国内で開発・導入することが、電力消費改善の理想的なステップだと言える。このようなエネルギー効率向上に向けた総合的取り組みは、社会全体で「3つのP」を追求する上で欠かせず、サーキュラーエコノミーの実践による効果が、短期間で大きく得られる分野である。

＊9　安田陽（監修）『再生可能エネルギーをもっと知ろう（1）くらしを支えるエネルギー』（岩崎書店、2021）

— Column —

次世代に継ぐために

日本の農業を持続可能な形へ

新型コロナウイルス禍では、EU加盟国間ですら国境を閉鎖し、周辺国といえども輸入依存にあることのリスクが露呈された。これを受け欧州各国では、パンデミック対策の一つとして農業従事者の支援強化と地産地消促進の政策を出している＊1。ちなみに欧州各国による自給率向上政策は今回が初めてではない。1970年代にはアメリカの大豆禁輸政策を受け、その後農業政策を通して徐々に自給率を上げ、結果オランダは小国ながらアメリカに次ぐ世界第二位の農作物輸出大国に成長した。

一方日本は石油危機以後むしろ輸入依存を強め、現在では各国でハリケーンや干ばつ、輸入増加等が発生する度に強く影響を受けている。今後人口減少を迎え経済競争力が弱まる日本には、従来のように他国の作物を安定的に輸入できる保証はない。

日本では明治初期から戦後までの約80年間、農地面積･農業従事者数ともに大きな変動はなかったが、戦前に1000万人以上いた農業従事者は戦後からわずか50年で1/9ほどに減少し、2020年時点の農家人口はわずか136万人ほどになった＊2。今後国際市場で日本の購買力が低下し国産物で国民を養う必要が生じた場合、一人の農家が毎日90人分の食事を支えなくてはならず、うち7割が65歳以上の農家になる。農業の高度な知識と技術の継承には10年かかると言われるが、今から10年後にどれほどの農家が残っているかもわからない。

こうした状況を受け鴨志田さんは、完熟堆肥づくりや、農薬・化学肥料に頼らない野菜栽培等の新規就農者育成プログラムを計画している。これまで新規就農者への支援は補助金等が主だったのに対し、ここでは農業の技術力と経営力向上がサポートされる。毎週一回3時間ほど、期間は半年から一年間。新規就農者は講義後すぐに自らの畑で実践し、翌週の講義で相談できるという、講師が地域に伴走してオーガニック化を進められる段取りだ。

社会や文化、そして人間の存在は農業なくしてはあり得ないだろう。社会に持続可能な「3つのP」の調和をもたらすには、生産者を皆で支える仕組みづくりが欠かせない。

＊1　European Commission “Farm to Fork Strategy” https://ec.europa.eu/food/sites/food/files/safety/docs/f2f_action-plan_2020_strategy-info_en.pdf（最終閲覧 2021/5/28）

＊2　横山和成『食は国家なり！　日本の農業を強くする5つのシナリオ』（アスキー新書、2010）
財務省「農林水産（2021/4/30）」https://www.mof.go.jp/about_mof/councils/fiscal_system_council/sub-of_fiscal_system/proceedings_sk/material/zaiseier20210430/3.pdf

深化のための考え方

私たちが幸せを感じる社会と経済を

当然だが日本と他の国々では、生活環境や歴史、人々が幸福を感じる要因が異なる。今後「3つのP」のバランスの取れた社会と経済を構築する上で、特に「人々の幸福度（People）」は非常に重要な観点である。

例えば、欧州生活で大きく感じた違いの一つは、自然観だ。オランダは国土の約4分の1が海抜下にあり、最も標高の高い土地でも300mほどと緩やかな地形である。そのため、私が「オランダにいると山が恋しくなる」と伝えても、オランダ人にはあまり理解されず、「?? 坂ならすぐそこにあるから登ってきたらいいじゃないか?」と本気とも冗談とも取れない返答をもらったこともある。また川と言えば、日本では山から海に流れる渓流を思い浮かべるが、オランダでは船の行き来する河川や用水路が象徴だ。さらに、オランダの秋冬は毎日曇りか雨続きだが、この点日本人の幸福度にはかなり影響するだろう。

開墾や人々の自然との関わり方の歴史をみても、両国には大きな違いがある。オランダは元々水害が多く作物の栽培に不適な土地で、国土の大部分が開拓されてきた。一方で日本では、列島中央に入る龍の背骨のような地形を利用せざるを得ず、平地に都、周辺斜面には棚田が形成される等、オランダにない独特な風景がつくられた。またオランダには地震や台風等がなく、水害に対するインフラも既に整備されているため一年を通して自然災害はほとんどない。これに対し日本は、地震や台風、津波、火山活動等、毎年何かしらの自然災害を経験する。

こうした自然との関わり方の違いは、人々の思想や働き方の違いにも表れている。例えば、小国オランダがアメリカに次いで世界第二位の農作物の輸出大国であることは既に紹介したが、そのスタイルは平地の利点が最大限生かされた工業的なハウス栽培が主流である。規模の大きいハウスで機械化・人為的な環境調整が進められ、季節を問わず同じ生産物が効率よく栽培される。中には、販売用生産に特化するがあまり、栽培している野菜の調理方法や食べ方を知らない農家も一定数いるほどだ。一方日本では、農業従事者の多くが小規模農家で、広大な平地が確保しづらいことや自然災害の多さが作業の機械化を難しくしている。またハウスより露地栽培が主流で、オランダのように工業的な農家もいるが、自然共生を意識し思想的に営む農家も少なくない。

またサーキュラーエコノミーが進展する場所についても、欧州と日本では差異が見られる。2、3章で見てきたように、欧州ではインパクトの大きさから都市部での導入が優先され、もちろん日本でも「Circular Yokohama」が進められている横浜市のように一部大都市での取り組みも見られる。しかし黒川温泉（189頁）や大崎町（224頁）に留まらず、日本では地方のその土地に根差しサーキュラーエコノミーやSDGsという言葉が生まれる遥か前から継続されてきた取り組みがあり、欧州と異なる特徴がある。これら地方で代々受け継がれてきた取り組みは、サーキュラーエコノミーの考え方を上乗せすることによっていっそう質の高いものに発展・加速するように感じている。

このように、欧州と日本で暮らす人々はそもそも、歩んできた歴史や幸福の感じ方に差異があり、その点他国のモデルを参考にしつつも、日本人の幸福の感じ方に合った仕組みづくりを整える姿勢が欠かせない。

「脱成長（degrowth）」よりも「繁栄（thrive）」

1章で紹介した『ドーナツ経済学が世界を救う』の著者であるケイト・ラワース氏は、自身の考え方がいわゆる「脱成長（degrowth）」と呼ばれるものに近いことは認めつつも、あえてこの言葉の使用は控え「繁栄（thrive）」という表現を用いている。[*10] 彼女はその理由の一つに、ネガティヴな響きが含まれる「脱成長」には一般大衆の賛同を得にくく、結局は選挙で票の獲得に繋がらず政策に結びつく見込みが薄いことを挙げている。代わりに使用されている「繁栄（thrive）」という言葉は、ポジティヴで可能性を感じさせるものだ。そもそもサーキュラーエコノミーは、「廃棄物」というテーマ自体からネガティヴな印象を受けるため、欧州の企業は可能性や希望が伝わるよう活動の名称を工夫する。例えば3章で紹介したエクセス・マテリアルス・エクスチェンジ（180頁）は、自らのプラットフォームを「資源のデートサイト（A Dating Site for Materials）」、資源の記録・管理方法を「資源パスポート（Resource Passport）」と親しみが湧くよう名づけている。

一方、日本の政治家や議会議員の方々からは、「欧米の選挙では環境政策が重要な争点になるが、日本では気候変動や環境問題について話せば話すほど票が離れていってしまう」という課題を頻繁にうかがう。これは、おそらく日本では「気候変動」という言葉に、生活への制限や、経済成長へ負の影響を及ぼすかのような「脱成長（degrowth）」に似たネガティブなイメージがあるからだと思う。

＊10 FROM POVERTY TO POWER “Why Degrowth has out-grown its own name. Guest post by Kate Raworth”
https://oxfamblogs.org/fp2p/why-degrowth-has-out-grown-its-own-name-guest-post-by-kate-raworth/
（最終閲覧 2021/5/28）

前述した「省エネ」と「エネルギー効率向上」のニュアンスの違いも同様だ。欧米で環境政策が重要な争点になるのは、気候変動への積極的な取り組みが「3つのP」全ての向上に繋がるというポジティヴな印象と、早急に手を打たなくては手遅れになるという危機感が大きな要因になっている印象である。

欧米では気候変動危機に対するグレタ・トゥーンベリ氏の歯に衣着せぬ主張が注目を集め、日本でも話題になっている。ただし、欧米はじめ他国と日本では効果的なコミュニケーションの方法は異なる。国民にポジティヴな行動を起こしてもらうために最適な伝え方は国により様々あることを考慮した上で、日本人にあった効果的な伝え方や言葉の選び方の工夫が、広く行動を促すためには重要な点であると感じている。

分野横断的な共創が生み出すイノヴェーション

「イノヴェーション（Innovation）」という言葉からは、科学的発見や技術革新が連想されがちだが、サーキュラーエコノミーの分野で顕著に見られる、企業や組織同士の分野横断的な新しい共創関係もイノヴェーションの一つである。例えば3章で紹介したインストック（95頁）は、オランダ最大手のスーパーマーケット「アルバート・ハイン」から生まれ、サークルへの廃棄食材の提供を通じてメガバンク「ABN AMRO」との共創に至った。また、黒川温泉でのコンポストプロジェクトでは、農業分野に留まっていた堆肥技術を地域全体で共有し、観光業や飲食業、一般の方々と知恵を出し合い協働したことで地域に根差した分野横断的な連携が生まれた。そして、サークルやフィル（216頁）のような建築分野でのサーキュラーエコノミーは、建築業だけでなく地域木材を管理・供給する林業関係者や加工する製材所、提携するエネルギー会社、周辺環境に詳しい専門家、科学的検証を行う研究機関等との連携があって、初めて質の高い事業モデルができる。さらに、個々のビジネスモデルにおいても、すでに存在する要素をこれまでにない組み合わせにすることで、新たなイノヴェーションが生まれている。例えばインストックの「廃棄食材×一流シェフ」や、マッド・ジーンズ（116頁）の「ジーンズ×リース」等だ。

また1章で触れたように、データ活用型PaaSモデルは計画的陳腐化を脱却しリニアエコノミーでは到達できなかったビジネスモデルに行き着く可能性が大いにある（38頁）。ただ日本では、データ活用型PaaSモデルをはじめ、本書で紹介してきた通りサプライチェーン透明化に向けたブロックチェーン活用や、QRコードによる素材情報の記録・伝達、デジタル活用の受注生産やバーチャル試着等の事例はまだあまり浸透しておらず、サーキュラーエコノミーの推進にあたり各業界とデジタルテクノロジー分野との連携は今後活性化されるべき課題だ。

こうした分野横断的な連携により新しいビジネスモデルを構築している企業では、未公開だった廃棄物やサプライチェーン情報、自社技術を特に異業種に向け率先して情報共有している。ビジネスの透明化を進め新たな業種との連携を強めた先に、サーキュラーエコノミーのイノヴェーションの大きな恩恵が待ち受けているはずだ。

従来のリニアエコノミーからサーキュラーエコノミーへ。「競争」から「共創」へ。自然の恩恵を享受し続けてきた存在から、環境再生をするリジェネラティヴな存在へ。個人所有から社会全体での共有へ。経済成長偏重型の「1つのP」からバランスの取れた「3つのP」へ。日本語に加え、英語での発信強化へ。トップダウン任せから、ボトムアップの取り組み創造へ。模倣しあうよりも、世界初を目指す姿勢へ。こうした社会・経済の全体的・根本的な変革を進める先に、必然的に新たなビジネスモデルが見えてくるだろう。

現代の私たちの状況を鑑みれば、無用な「競争」をする余裕は全くなく、むしろ「競争」は「共創のための競争」に限られるべきである。前例のないことにもlearning by doingで挑戦し、失敗した際には互いに支え合い再チャレンジをサポートするような人類全体での共創関係が、今を生きる私たち一人ひとりに求められている。

おわりに

以前ウェブマガジン「IDEAS FOR GOOD」編集長の加藤佑さんとの対談で、「サーキュラーエコノミーとは、多様性がもたらす『やさしい経済』」という話題になりました。* 加藤さんは「競争戦略云々ではなく、ただ『その人らしさ』が多様性をもたらし、循環が生まれ、持続可能なシステムがつくられる。それが、人類が辿るべき唯一にして最大の戦略なのではないか」とお話されていました。

パズルのピースも正方形でなく凹凸があることで初めて周囲と結びつけるように、組織や個人の得意・不得手な面やその結びつきが多様であればあるほど、人類全体が強くなれると感じます。また人間と生態系、自然界の間にも凹凸の多様な繋がりがあり、人が地球環境に凸で及ぼす影響にはリジェネラティヴさが求められています。サーキュラーエコノミーの実践は、従来分断していた経済、地球環境、幸福度の「3つのP」も補完し合い、周囲と支え合いながら自分らしく生きやすい環境を整えてくれると思います。

サーキュラーエコノミー自体は目的でなく、より良い仕組みづくりに向けた一手段に過ぎませんが、現代の多くの課題を改善し必然的にこれまでにないビジネスモデルをもたらすものだと感じています。共創のためには、組織も個人も誠実であり、可能な範囲で情報を公開し、社会を本質的に良くする行動が求められるでしょう。

僕自身も黒川温泉コンポストプロジェクトや本書の執筆にあたって自分の不得手な面をたくさんの素晴らしい方々に助けていただき、自分らしい活動に繋がっています。イラストレーターの丘広大さ

＊　参考文献：【欧州 CE 特集 #19】『サーキュラーエコノミーとは、多様性がもたらす「やさしい経済」。安居昭博さん ×IDEAS FOR GOOD 編集長対談』https://ideasforgood.jp/2020/03/04/yasui-akihiro-kato-yu/

ん。カバーデザインを担当していただいた美馬智さん。紙面デザインを務めてくださった永壽さん。特設サイトを制作してくださった宮田英さん。数々のアドバイスをくださった酒井新悟さん。そして、編集者の中井希衣子さん。特に中井さんには日々やり取りする中で、プロの編集者の力をひしひしと感じさせられ、彼女なくして本書の出来栄えは考えられなかったほど、大変お世話になりました。サーキュラーエコノミーに共感してくださる周りの方々と共創できたことは、幸せ以外の何ものでもありません。

私たちの新しい仕組みづくりはまだまだ始まったばかり。さて、今この瞬間から何をしよう？ learning by doingで、やりたいことを、できるところから。

２０２１年６月　安居昭博

特設サイトにて
オンライン Q&A
開催中！

著者

安居昭博（やすい・あきひろ）

Circular Initiatives&Partners 株式会社 代表取締役 / 京都市委嘱 成長戦略推進アドバイザー / サーキュラーエコノミー研究家。

ドイツ・キール大学「Sustainability, Society and the Environment」修士課程卒業。2021 年国内外でのサーキュラーエコノミー実践と理論の普及が高く評価され、「青年版国民栄誉賞（TOYP2021）」にて「内閣総理大臣奨励賞（グランプリ）」受賞。NHK クローズアップ現代「服がよみがえる！循環型ファッションで廃棄物ゼロへ！」（2023 年 5 月 31 日放送回）にてスタジオゲスト出演。

建築・食・ファッション・テクノロジー・イベント業界等、幅広い分野の企業と伴走しサーキュラーエコノミー型ビジネスモデルの新規事業立ち上げや、商品・サービス開発にアドバイザリーやブランディング支援として関わる。また京都市を始めとした自治体のほか、「京都音楽博覧会」や「森、道、市場」等の音楽イベントでも企画プロデューサーやアドバイザーを務め、官民双方から資源循環の仕組みづくりを進める。共同発起人となった「黒川温泉一帯地域コンポストプロジェクト」は、農林水産省、消費者庁、環境省が主催する「サステナアワード 2020」にて「環境省環境経済課長賞」を受賞。2022 年、梅酒の梅の実、生八ッ橋、酒かす、おから、レモンの皮など、京都の副産物・規格外品を活用し、福祉作業所と製造連携し「京シュトレン」を開発するお菓子屋「八方良菓」を創業。京都精華大学メディア表現学部非常勤講師。ハーチ株式会社と東京都による協定事業「CIRCULAR STARTUP TOKYO」プログラム・エグゼクティブ・アドバイザー。

サーキュラーエコノミー実践
オランダに探るビジネスモデル

2021 年 7 月 1 日　第 1 版第 1 刷発行
2024 年 6 月 20 日　第 1 版第 5 刷発行

著　者　　安居昭博

発行者　　井口夏実
発行所　　株式会社　学芸出版社
京都市下京区木津屋橋通西洞院東入
電話 075-343-0811　〒 600-8216
http://www.gakugei-pub.jp/
E-mail info@gakugei-pub.jp

編　集　　中井希衣子

D T P　　村角洋一デザイン事務所
紙面デザイン　永壽（RIDE MEDIA&DESIGN Inc.）
イラスト　丘 広大
装　丁　　美馬 智

印刷・製本　モリモト印刷

ISBN 978-4-7615-2778-5